いいところが見つかる！やる気になる！

親子できたことノート

永谷研一

青春出版社

★はじめに★

1日10分！子育てって「大変！」が「楽しい！」に変わる、とっておきのツールがあります！

子育てをする中で、みなさん悩まれることが多いと思います。

しっかり元気に育ってくれるだろうか。

他の子はできているのに私の子どもは大丈夫だろうか。

心配のあまり、あーしなさい、こーしなさい、と上からコントロールしてしまい、「またやってしまった」と落ち込むこともあるでしょう。

でも、すべての親が初心者マーク。誰でも新人です。ベテランの親なんて聞いたことないですよね。

そんな完璧な子育てができる人なんていません。なにせ初めてのことばかりなのですから、苦労して当たり前ですよね。

でも、子育てって、ほんと、尊いことです。目の前で子どもがどんどん大きくなり、育っていく姿を見るだけでも、うれしくて心が震えますよね。

子どもにとって子どもでいられる時間は短いですが、親にとっても、一生に1回だけの経験。人生の大事な1ページです。それが充実して楽しめたらどんなに素晴らしいことでしょうか。

「そんな簡単に言っても、うまくいかないよ。毎日がバタバタ。楽しむ余裕なんてないよ」

そんな声が聞こえてきそうです。

では、どうしたらいいでしょうか。

たった1つの習慣で、子育って「大変！」が「楽しい！」に変わる！　とっておきの方法があります。

キーワードは「〝できたこと〟を見る」です。

人は特性として、自分の失敗が気になったり人のダメ出しをしてしまいがちです。

気を抜くと、「できなかったこと」ばかりを見てしまうのです。

そこで、あえて〝できたこと〟を見ることが大切になります。

しかも、親子で一緒に〝自分のできたこと〟、そして〝相手のできたこと〟を見るのです。

「子どものためにやろうとしているのに、なんで私まで必要なの？」

と疑問を持たれるでしょう。

ところが、一緒にやるだけで、苦しかった子育てが楽しいことに変わってくるのだから不思議です。

ここで、実際に「親子できたことノート」の実践で、親子関係が変化した実例を挙げましょう。

小学校2年生の息子を持つ母Aさん。いつもゲームばかりしていることを注意しています。

息子　「やった！　クリアした」
Aさん「もう、いつまでゲームやっているの！　もうやめなさい」

こんな感じで、いつもゲームをしている息子を怒ってばかりいました。

Ａさん自身、子どもをとても大切にしている愛情いっぱいのお母さんです。

息子をスイミングスクールに通わせたり、宿題を見てあげたりしています。食事だって、いつも栄養バランスを考えています。

Ａさんの本音としては、ゲームをダラダラするくらいなら、本を読むなど何か知識をつけたりしてもらいたいなと思っています。

そんなＡさんが、「親子できたことノート」と出会って3か月続けたところ、大きな変化が表れました。息子との会話がこう変わったのです。

息子　「やった！　クリアした」
Ａさん「どうやってクリアしたの？」
息子　「ＹｏｕＴｕｂｅ《ユーチューブ》で調べた。やっと攻略法見つけたんだ」
Ａさん「へえ、あなたもゲームをクリアするためにがんばっているんだねぇ」

Ａさんは息子さんのゲームに対して〝ゲームしているときの姿勢が猫背でイヤだ

なー〟と快く思っていませんでした。

それが「がんばっているんだ」とほめるようになった自分自身に驚いていました。

（あれっ？　私が、息子のゲームほめているし、と）

しかも、ネットで調べて動画で解決するなんて、大人でもやっているeラーニングですよね。生きる力そのものです。


Aさんが、なぜ、こうも息子さんへの見方が変わったのか。

それは〝できたこと〟を見る習慣を手に入れたからです。

そうなんです。**毎日「できたこと」を書いているうちに、〝親自身が子どもを見る目〟が変わってくるのです。**

子どもに「怒らない」「ほめる」子育てをいくら心掛けていても、なかなかうまくいきませんよね。

でも、この方法なら、誰でも簡単に身につけることができます。


もうひとつ、この親子できたことノートの仕掛けの重要なところは、

「親のできたことを子どもが見ること」

です。

子どもから「できたこと」に対してシールを貼ってもらったりコメントをもらったら、とてもうれしそうな表情を見せると思います。

その親の姿を見て、子どももうれしくなります。

そして回り回って、自分の小さな「できたこと」を認めてあげられるようになり、**自己肯定感を手に入れます。**

親の喜んだ顔を見て、子どもが幸せを感じる時間が増える。

「人の喜びが自分の幸せに変わる」

この経験が大事になるんですね。

さあ、小難しいことは一切ありません。誰でも簡単に「親子できたことノート」が始められます。

この本で説明した方法に沿って、小さな一歩を踏み出してください。
きっと数か月後に、あなたの子育てに全く違う景色が広がっているのを体験することになるでしょう。

永谷　研一

実践した親たちの声

「親子できたことノート」を続けることで、
子どもと親の両方により良い変化が生まれます。
まずは小さい第一歩からやってみてください。
きっと、このような体験することになるでしょう。

子どもの変化

水泳教室の進級試験の前に子どもが
「ママ、なんか今日、新記録がでそうな気がする」と言い出しびっくり。
いつも「ダメだ」「できない」が口癖だった子だったので

「ようちえんの“幼”ってどうやって書くの？」
漢字を書きたいと自分から言ってきた。
成長を感じてうれしかった。

保育園の遊戯会"西遊記"で
「村人A」から「猪八戒」に
抜擢されました。息子よ、
なかなかやるなと思った。

「どうせ」「無理」といった
投げやりな言葉を
言わなくなりました。

お手伝いを積極的にやるようになりました。
とくに、妹の世話をよくするようになって助かります。

「遊んだ」といった短い言葉しか書けなかった子が、
「公園のブランコで○○ちゃんと遊んで楽しかった」と
具体的に書けるようになりました。字も上達したようです。

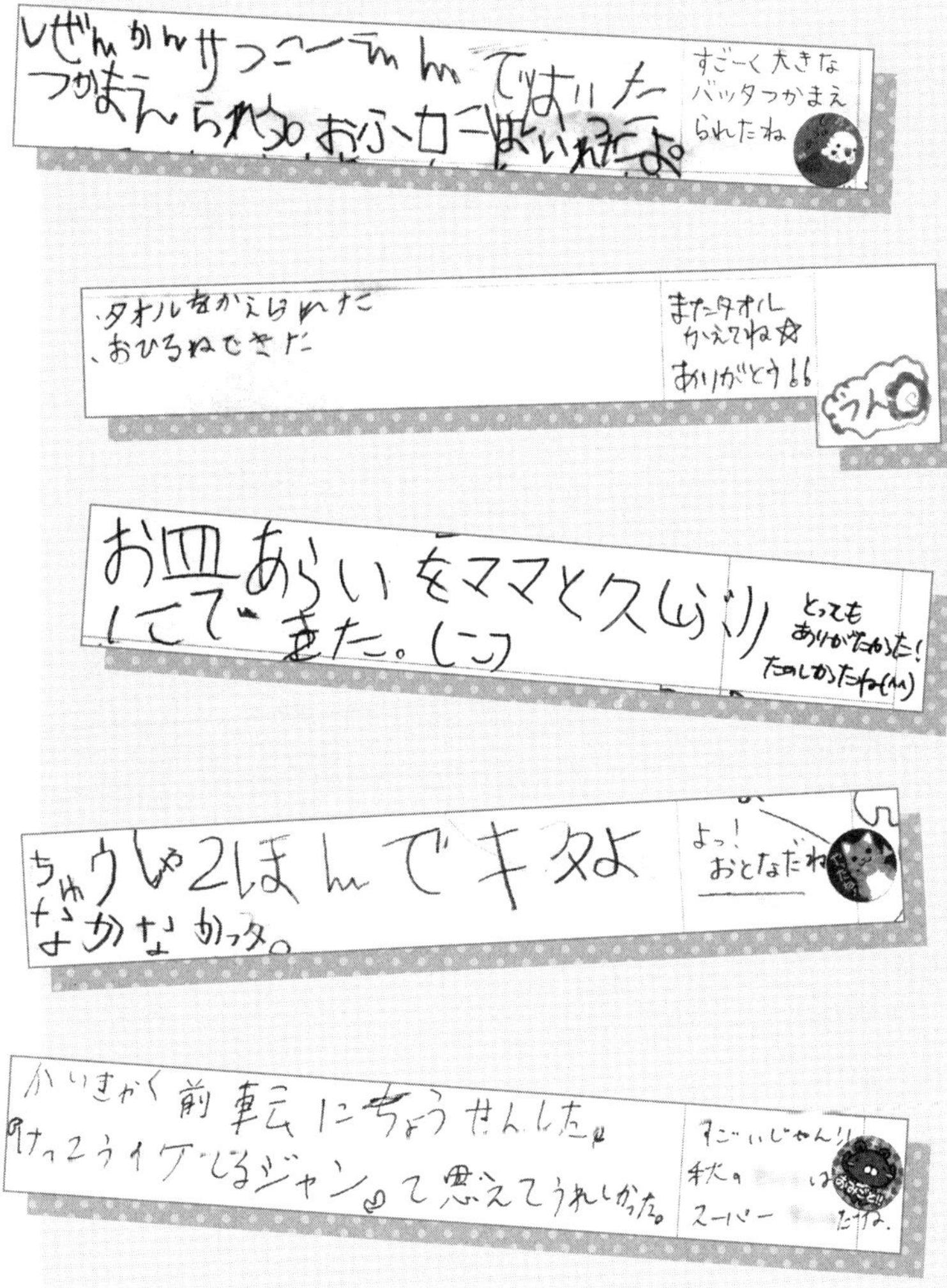

子どもの「きょうのできたこと」と親のコメントより

親の変化

感情が抑えられるようになりました。
明らかに怒る回数が減ったと思います。

失敗してもあまり落ち込まなくなりました。
肩の力が抜けたようです。

子どもとの会話の時間が増えました。
意外な発見があって楽しいです。

最初は気が張っていましたが、
毎日「ありのままの自分」を見つめていたら、
今では自然に書けるようになって
幸せを感じます。

完璧でなければいけない。
という考えから脱出できた。

普段の何気ないことを
書いていると
「けっこう、私やってるわ。
頑張ってる」って
思えてくるから不思議です。

朝、[redacted]が絶不調になるイレギュラーが発生したけど
なんとか朝弁、昼弁、夕食作り 6:40に出発できた。
みんなに感謝しかない。

ママに感謝しかない

忙しかったけれど、そのわりに夜のんびりできた！
家事をやっておいてくれた夫に感謝です。
ありがたい！のできちんとお礼を言えました。

お礼を言うとおたがい気もち良いね

雨だったので、早目に家を出られた。
乗りたかった時間のバスに乗れた。
淡々と仕事を終わらせることができた。

朝、いつもがんばってるね。

兄弟ゲンカに介入せずにいられた。大らかではない。
険悪ムードでもできたことノートを書いてるうちに楽しく笑い合うことができた

同意でえす

・でんしゃで、席《せき》をゆずれた（さっと！）
・ブログを書くことができた。
・ランチにビールをのむのをガマンできた

グッド

親の「今日のできたこと」と子どものコメントより

いいところが見つかる！　やる気になる！

親子できたことノート

目次

第2章 まずは、「できたこと」を見つける

第3章 親子で「認め合いっこ」しよう

第4章

1週間の振り返りをしてみよう

第5章

「なりたい自分」が見えてくる

カバーイラスト　高田真弓
本文デザイン　岡崎理恵

「親子できたことノート」の使い方はカンタン!

親名前

(　ママ　)はこうなりたい!

仕事と家事を両立する!

日付		今日のできたこと	(たかし)から
3/1(月)	ぽっ	納期どおり報告書を仕上げられてホッとした	よかったね!
3/2(火)	うれしい!	商談の終わりに、相手に握手を求められた ムダ話で相手が笑ってくれた	
/( )			
3/4(木)		共有の場所をさっと片づけておいたら、感謝された!	
3/5(金)	よかった!	スピーチの後、 たくさんの拍手をもらった!	がんばったね
3/6(土)	のんびり	いつもより野菜を多く食べた たまっていた洗濯物を洗えた!	
3/7(日)	すっきり!	リビングと子どもの机の上を きれいに片づけた	100てんまんてん!

今日の気持ちのマークとできたことを書いてみよう

お互いのできたことに、スタンプやシール、コメントで励まし合おう

今週のベストできたこと	スピーチの後、たくさんの拍手をもらった!
次はどんな工夫をする?	もっと喜んでもらえるような 面白いネタを3つ考える
(たかし)から	テレビのおわらいばんぐみでべんきょうしてね

書き方のサンプルです。ページの右側が親、左側が子どもです。
同じノートに2人で書くことで共感し合い信頼関係が育ちます。

第　週

子なまえ
（　たかし　）はこうなりたい！

サッカーせんしゅになりたい

自分は
どうなりたいか、
書いてみよう
（最初は
スキップOK）

ひづけ	きょうのできたこと	（ ママ ）から
3/1（げつ）	できた！ しゅくだいのドリルで 100てんがとれた	えらい
3/2（か）	ともだちとたくさんあそんだ すなばでたかいおやまをつくれた	やったね！
3/3（すい）	ないているいもうとをだっこできた	えらかったね！ かっこいいぞ！
3/4（もく）	リフティングが 20 かいできた	きろく こうしん だね！
/（　）		
3/6（ど）	シュートれんしゅうしていたら ともだちがけりかたをおしえてくれた	いいね！
3/7（にち）	パパとじてんしゃのれんしゅうをして さかみちがのぼれるようになった	がんばったね！

こんしゅうのベストできたこと	こんしゅうのできたことのなかで、いちばんうれしかったり、たのしかったり、わくわく！したことを1つえらぼうね！ リフティンクが 20 かいできた
つぎはどんなくふうをする？	コーチにうまいやりかたをきいておしえてもらう
（ ママ ）から	すごい！ やりかたがわかったら、ママにもおしえてね！

週1回
「ベストできたこと」
から工夫点を
見つけよう

第1章

親子で「できたことを書く習慣」がなぜ効果的なのか

今の子どもたちに必要と言われる
自立心、自己肯定感、主体性、チャレンジ精神……。
これらを育てるのに、日々「できたこと」を書く習慣が
なぜ効果的なのでしょうか。
「親子できたことノート」の秘密（仕掛け）を
従来の子育ての常識を覆しながら紹介します。

10〜13ページの例に見られるスゴイ効果。親子で〝できたこと〟を書くだけで、なぜこのような大きな変化が表れるのでしょうか？

「たまたまうまくいった例でしょ。そんなうまくいくはずがない」

「よくある〝もっとほめましょう〟ってやつでしょ。聞き飽きたわ」

「最近流行《はや》ってる〝ポジティブで明るく！〟って感じのね。無理に元気出しても疲れるだけだし」

と感じる人もいるかもしれません。

私は決してほめればいいだけと思っていません。ほめられた子は、〝ほめられることを担保《たんぽ》するために新しいことに挑戦しなくなる〟という研究があります。失敗を避けるようになるからでしょう。

また、一部の「ポジティブシンキングで明るく前向きに生きましょう！」という風潮は、感情理論からしても反対です。むしろネガティブな感情こそ大事だと私は考えています。

ここは一度立ち止まって、子育てにおける「思い込み」から脱皮してみるとよいのです。

いつも怒ってしまう自分に落ち込んでいる姿がありませんか？

いやいや、それって実は当たり前の人間の特性ですよって言ったらどうでしょう。

「親の〝できたこと〟も書く？　私のことはいいの。子どもの自己肯定感が心配なんだから」と自分のことを後回しにしている姿がありませんか？

実は、**子どものためにこそ、親の〝できたこと〟が大事なんです**って言ったらどうでしょう。

勉強させるためには、勉強成果に着目して働きかけるのが一番、と信じ込んでいませんか？

いやいや、そうさせたいなら、逆に勉強以外のことに目を向けるべきですって言ったらどうでしょう。

いずれも子育ての常識からすると〝今までと違う〟かもしれません。でも、ここから説明する話から見直すことで、子育てにもっと自信が湧いてくるはずです。

Point 1

つい子どもに怒ってしまうのは、脳の習性として当たり前のこと

また子どもに怒ってしまって後悔する毎日。
わかっちゃいるのに、「〜をやっていない」「〜できていない」と、
つい子どものダメな部分ばかり指摘していませんか。

「あるある思考」と「ないない思考」

人は子どもを見るときに2つのタイプがあると言われています。

それが、

「あるある思考」と「ないない思考」

です。

みなさんはどちらのタイプでしょうか。

「ないない思考」で子どもを見ると、

- 支度が遅くて、間に合わない
- 妹の面倒を見てくれない
- 勉強をしてくれない

と「○○ない」と考えてしまうこと。

これはマイナス思考と呼ばれることも多いでしょう。

私たちは「ないこと」に関しては不安を感じます。

足りない、欠けてると思えば思うほど不安でいっぱいになってしまいます。マイナスイメージが固まってしまい、次第に「この子はこういう子」と固定観念ができてしまいます。

一方、**「あるある思考」は、いい面を見るので心が楽になる思考法です。**
先ほどの「ないない思考」で見た子どもへの見方をちょっと変えてみたら、

- 今日も丁寧にしっかり支度していた
- わざとふざけて泣いている妹を笑わせていた
- 拾ってきた植物に水をやったりして育てていた

このように同じような状況であっても、見方を変えれば違った側面が見えてくるものです。
「あるある思考」は心の中に余裕が生まれてプラスイメージができあがります。次第に自信も育ってきます。

でも、そんな正論は通じないのが子育ての現場ですよね。わかります。

★子育ての中の言葉は欠けた部分ばかりになりやすい

毎日の子育ての中で、このような言葉が飛び交ってはいないでしょうか？

- 部屋を片づけなさい！　いつも言ってるでしょ！
- 宿題やったの？　また間に合わなくなるわよ。
- ゲームばかりやって。目が悪くなるわよ。
- くだらない動画ばっかり見て。ちょっとは勉強したら!?
- 明日の準備は終わったの？　だらしないんだから。
- 早く寝なさい！　朝、起きられなくなるわよ。
- お菓子ばっかり食べて。虫歯になるわよ。
- またドア開けっぱなし。開けたら閉めてって言ってるでしょ。

……愛する子どものために毎日奮闘する親の姿が目に浮かびます。

言ったあとに、〝言いすぎたかな〟と後悔したり、気分が落ち込むこともあるでしょう。子どものことを思って言っている自分の言葉に自分が傷つくなんて、なんと親の仕事は難しいんでしょうか。

しかし、思い詰める必要はありません。

なぜなら、このような言葉をかけてしまうことは、当たり前だからです。

当たり前と言っても、別に私は「親として〝しつけ〟が大事なので」といった正解主義の教育論を述べようとしているのではありません。

実は人間の脳の特性として〝当たり前〟なのです。

2つの丸があります。まず、目がいくのはどのあたりでしょうか。

右側の丸の欠けた部分にたいていは目がいくはずです。

どうしても「足りない部分」「欠けた部分」が気になる。これは人間の特性です。

脳科学的な視点で見ても、脳の「視《し》覚《かく》野《や》」と呼ばれる部分の情報処理によって、人間は「欠けた部分を補おうとする」ので、自然に欠けた部分に注目するようになります。

実はこの人の習性が表れるのは、この丸を見るときだけではありません。

残念ながら、他人に対しても「欠けたところ」、つまりダメなところに目がいってしまいます。

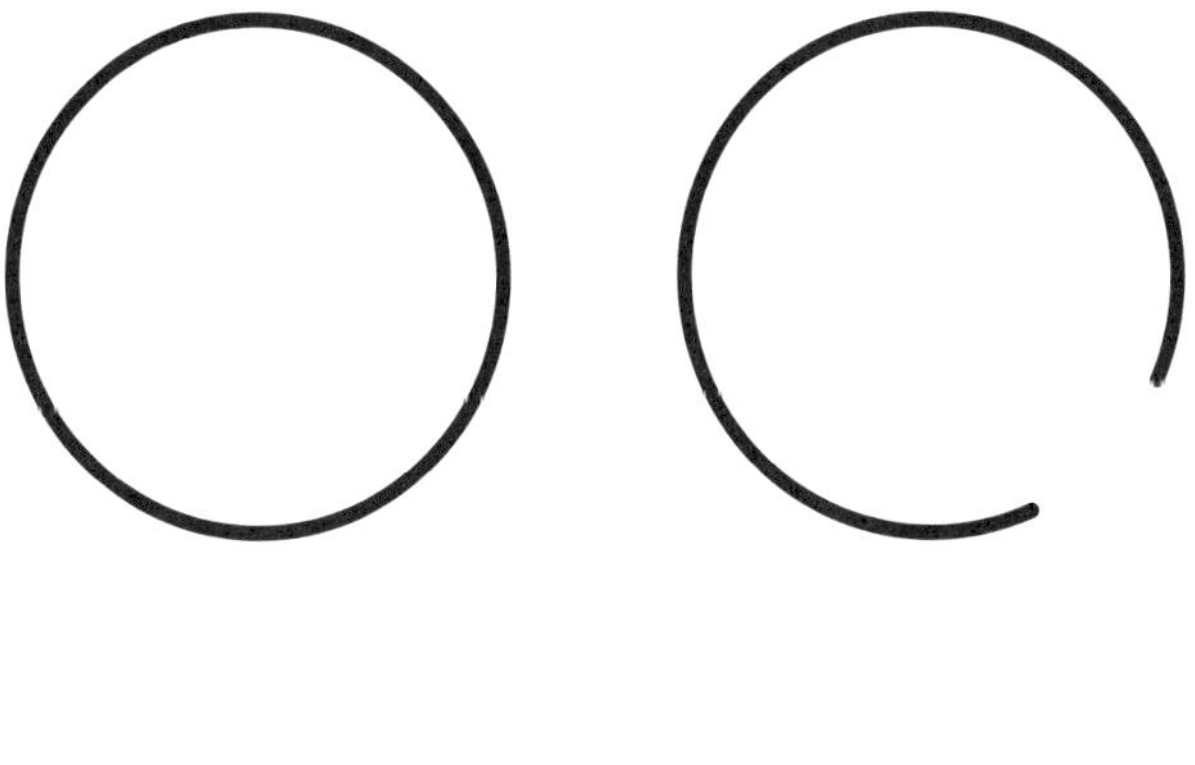

心理学の研究では、人間には、「観察者バイアス」と呼ばれる、思い込みで相手を見てしまう特性があることがわかっています。つまり、相手の悪い部分ばかり気になるのは無理もないこと。相手に対して期待する分だけ、「欠点」が気になってしまい、いい面には気づきにくいのです。

たとえば、身支度をゆっくりやっている子がいたとします。

「早く支度しなさい！　もう、まったくいつも遅いんだから」

と言ってしまいがちです。

見方を変えても「きちんとしっかり支度をしたいのね。いつも丁寧でいいわね」とはなりませんよね（忙しい朝は毎日バタバタですし）。

こういった欠けたところが目にいくのは子どもに対してだけでなく、実は親である自分自身に対しても同じ見方をしてしまっているのです。

あーっ、またこんなこと言っちゃった。もっと優しくしてあげたいのに。

私って、ダメ親ね。

親としての足りないところ、欠けているところばかりに目がいく。悪いところばかりが気になってしまう。

しっかりしようと思えば思うほど欠けたところが鮮明になってくるから不思議です。

でも、それが〝当たり前〟って考えたら、かわいいものですよね。だって人間としての特性なんですから。

ちょっと落ち着いて考えてみてください。

人ってそんなにダメでしょうか。欠点だらけでしょうか。

そんなことないですよね、きっと。

Point 2

「できたこと」と「できなかったこと」——親がどっちを見るかで子どもは変わる

親が「できたこと」に目を向けるか、「できなかったこと」に
目を向けるかで子どもの未来が変わります。
1つの「できたこと」から
新しい行動にチャレンジする力が身につきます。

★「90点」をとった子に、どんな言葉をかけますか

子どもが一人で歩いてゆけるように成長してほしい。親の誰もが願う本音です。要は、子どもの自立。それが子育ての目的だと誰もがわかっています。

自立するということは、人生の壁にぶち当たったとしても自分の力でなんとか道を切り拓《ひら》いて前に進む力、いわゆる挑戦する力があるということです。

でも、**何気ない親の言葉がその成長を阻害している**と言ったらびっくりするでしょうか。

要は、挑戦する力を削《そ》いでいる可能性があるのです。

例を挙げて説明しましょう。みなさん、小学校1年生のお子さんがいると想定してください。

子どもが漢字のテストを持って帰ってきました。子どもは初めての経験でウキウキです。

その点数は「90点」でした。そのとき、何と声をかけますか？

「がんばったね。もうちょっとで１００点だったね」

このような声かけをしてしまっていないでしょうか。

10点の間違えたところをまず探し、確認したあと、

「しっかりハネをしていないから減点されているのね。今度は気をつけようね」

子どもの成長を考えてほめて応援しているつもりの声かけが、**欠けている部分（マイナス10点部分）に対する指摘になってしまっている**ことに気づくでしょう。

「もう少しがんばれば100点だったんだからそこを気づかせたっていいじゃないか」と反論もあるかと思います。確かにそういう考えもあるかもしれません。

では、もし「30点」だったら、どのように声かけしますか？

「だいじょうぶ？　しっかり先生の話を聞いているの？」と心配した声かけをしてしまうのではないでしょうか。

小さい頃、学びは楽しいことしかなかったはずです。

砂場で泥団《どろだん》子《ご》を作るとき、「このお団子は50点」なんて成績、つけないですものね。

歌が歌えるようになった、登り棒が登れた……。全部が全部、マルしかなかったはずです。

それが学校に入った途端、友達と比較されて点数で序列されるのです。

自己肯定感が落ちる原因に「他者との比較」があります。

絶対値として自分は「できている」ことばかりなのに、ある分野で誰かと比べられ、あの子より私は劣っていると突きつけられる経験をするのです。

一斉指導が多い日本の学校では、なおさらそうなることでしょう。

小学校2年生で九九《くく》がちょっと苦手で、クラスの誰よりもクリアが遅く、恥をかく経験をしただけで、「私は算数が不得意」と言ったりするのです。

自分に「できない」というレッテルを貼ってしまうのです。

これが思い込みとなり、算数の学習にもネガティブな感情が起きるようになり、勉強にも身が入らず、次第に本当に「不得意」になってしまうのです。

「できない問題があれば、目標を与え、それを乗り越えるように、がんばらせればいいじゃないか」と考えるのは、できる人からの勝手な押し付けです。

子育てはそうはうまくいかないから、難しいのです。

一時的に、お尻を叩《たた》き、「やらせること」はできたとしても、自分で自発的に課題を見つけて、挑戦するようにならないと自立とは言わないですよね。

やらされた行動が積み重なると、何事も他人の都合で判断するような思考が身についてしまいます。受け身になってしまう危険があるのです。

では、そうならないように、どうしたらいいのでしょうか。

★「できなかったこと」を指摘されると、やる気をなくす理由

そこで、まず「どうやったら人は挑戦行動するのか」という理論を説明させてください。

下の図はマインドの変化のグラフです。

左はできたことから見た場合です。

できたことは「承認」されるので「やった！　できた！」とマインドが上がります。

そのあと、そのできたことの目的から考えると、「このやり方はベスト（最適）ではないな。もっと別な方法もあるかもしれない」という「適度な不安」が生まれます。

その不安を脱出するために、まずはこれに取り組もうという「挑戦」が生まれます。

一方で右の図は、できなかったほうからのマインドの変化の図です。

できなかったことを指摘され「否定」さ

最初に「できたこと」を認めると、新たな挑戦につながる

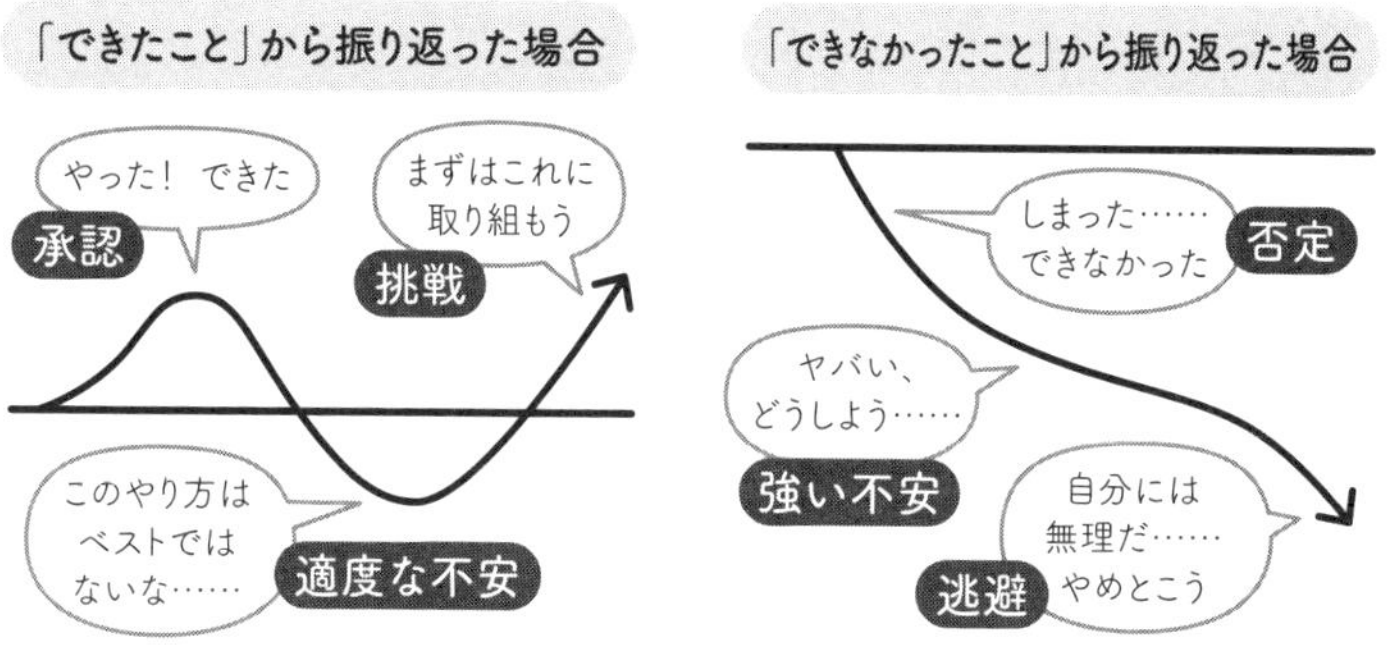

最初にできたことの「承認」から入ると、
自己肯定感がつくので、そのあと不安や壁があっても乗り越えていける

れるので、「しまった。できなかった」とマインドが下がります。そこで目的から考えると「ヤバい、どうしよう……」と「強い不安」が生まれます。そしてとうとう「自分には無理だ。やめておこう」と逃避することになります。結果、新しい行動は生まれなくなります。

　この２つの図に共通するのは双方とも「不安」が起点になっている点です。一方は「適度」、一方は「強い」です。不安から脱出するために行動が生まれるのです。（ほっといても人間がご飯を食べるのは、腹が減ると生命体として命の不安を感じるからとの説もあります）

　このように、できたことを承認することから始めると、不安があっても適度なものになり、挑戦行動が生まれるということは行動科学的にも明らかなのです。

　お子さんの夢や目標をサポートしてできるようにしてあげたいと思うあまり、「できなかったところ」を指摘した結果、子どもはやる気をなくしてしまう……。そんな経験はありませんか。

できなかったところに着目するやり方は短期的な効果しかなく、中長期的な視点では自ら湧き上がる「やる気」を削いで受け身な態度を作り上げることにもなりかねません。

夏の海でやったカニ取りを思い出してください。

岩場に手を突っ込むと「挟まれる」危険があります。不安です。

いつも、できたことを見て挑戦している子どもは、「ゲットしたときに得られる喜び」を目的に、ぐっと手を突っ込むのです。少々挟まれても、どうってことありません。

一方で、いつもできなかったことを見ている子どもは、「手を突っ込んでケガをしたらどうしよう。もしかしたら出血しちゃうかもしれない」という強い不安によって、岩場に手を突っ込むことはしないでしょう。

最近は、すぐ**「できない」「無理〜」「めんどくさい」と言う子が増えている**と聞きます。

「できない〜」と泣きべそをかく子に「できるよ、大丈夫」と声かけしてもなかなかうまくいかないもの。

でも、**「できたこと」を親が承認する習慣を積み重ねることで、「やってみたい」とか、「今度はこうしたい」など、どんどん挑戦する行動が増えてくるはずです。**

Point 3

「頭がいい」とほめられた子どもは、挑戦しなくなる

ほめて育てれば自己肯定感が育つ、と考えている人は多いと思います。
ところが、ほめればほめるほど挑戦を避けるようなります。
でも、親は子どもをほめたいもの。そこに落とし穴があります。

★「ほめて伸ばす」の間違い

アメリカでのある実験研究が発表されました。「ほめると、子どもに悪い影響を与えてしまう」という驚愕《きょうがく》の事実です。

いくつかの書籍で発表されていますので、ご存じの方も多いかもしれません。

実験の内容は以下の通りです。
10歳から12歳の子ども400人にあるテストを受けさせ、全員に「80点だった」と伝えます。
そして3つのグループに分けたあと、
グループAには「本当に頭がいい」と能力をほめる
グループBには「何も言わない」
グループCには「努力の成果だね」と努力をほめる
ことをして、次に、2回目のテストで難しい問題と簡単な問題を選択させてチャレンジさせるというもの。
結果はグループAは、35%しか難しい問題を選ばなかったのに対して、グループBは55%、グループCは、90%が難しい問題を選んだというのです。
さらに驚くことに、頭がいいとほめられたグループAの難しい問題を選んだ子どもの40%が、本当の自分の成績よりも良い点数を報告した、要はウソをついたというのです。

頭がいいとほめられた子どもは、自分が「頭がいい」と思わせる必要があります。つまり、ほめられることを担保しようとするのです。「頭がいい」という評価を失うことを恐れるあまり、ウソをつくことに抵抗がなくなるのです。

この研究を思うとき、本当に切なくなってきます。

子どもはやっぱり親にほめられたいのです。認められたいし、好かれたいのです。

でも、それが挑戦しなくなることに通じているとしたら大きな問題です。

ほめて伸ばすという子育てが推奨されてきたことで、おそらく日本中で子どもたちをほめることが実践されてきたと思います。

一方で、若者の留学が減って内向きになった話や、リスクが高いし、経済的にも負担なので恋人を作らない人がいるという話を聞くことがあります。

誰だって挑戦したら失敗もしますし、時には痛い目にもあうかもしれません。

その不安があっても自分の成長イメージを持って新しいことに自ら挑戦していく姿が自立というものです。

では、どうしたらいいのでしょうか？

いろいろな識者が「プロセスをほめよう」とか、「能力ではなく努力を称《たた》えるといい」と無責任に言いますが、そこが難しいわけです。

「子どもを観察して、ほめ上手になろう」と言っても、いつもカメラで追っかけるわけにもいきません。観察され続ける子どもだって息苦しさを感じるでしょう。

この解決策はたった1つ、
日々の「できたこと」を書き記すことです。

★小さな「できたこと」から新しい「挑戦行動」が生まれる

書き記すのは、素朴な「できたこと」でＯＫです。

見方を変えれば、できたことは子どもなりの「努力」「プロセス」そのものです。

できたことを見て自分を理解したり、周りから承認されることを通じて、

「今度はこんなこともしてみようかな」「今度こんな工夫をしてみようかな」

という新たな挑戦行動が生まれてくるのです。

挑戦行動といっても、別に大それた大きな行動を指しているのではありません。

小さな、でも新しい行動です。

自分で考えた、新しい行動計画。これを実際に実践することの積み重ねによって自己肯定感が育まれます。

自分で考えた、というところがミソです。

人から与えられたものや無理に説得させられた行動は、一時的な成果が出たとしても、自分の自信にはつながりません。

むしろ依存型になり、他責になり、結果的に自分は一人では無理だと、逆に自己肯定感を下げることにもつながります。

できたことノート開発のモニターのお母さんから聞いた話です。

息子さんがバスケットをがんばっているそうです。ある日、

「ドリブルが5回もできた！」

と、できたことノートに書いていて、その週の「ベストできたこと」にも選定していました。

よっぽどうれしかったのでしょう。

一緒にできたことノートをやっているお母さんも「がんばったねー」と努力をほめていました。

そのうちに子どもから「来週はシュート練習するんだ！」と言い出したそうです。

挑戦行動が芽生えた瞬間です。

生まれたときから体が小さかった息子さんの成長をお母さんはとても喜んでいらっしゃいました。

他にもあります。

保育園の年長さんの女の子を持つお母さんの話です。

できたことノートには、覚えたての「ひらがな」でたくさんのできたことが書いてあります。

ある日、娘さんが「ようちえん」の「幼」を教えてくれ、とお母さんにせがんだそうです。

なんと、まだ習ってもいない漢字を自ら書こうとしたのです。

お母さんが「あの子が漢字を教えてって言うんです」と涙ぐんで私に伝えてくれました。

子育ての苦労は並たいていのことではありません。でも、このように、**子どもの小さな成長が見えてきたときに、何事にも代えがたい喜びが生まれる**ものだと思います。

「挑戦行動＝小さな新しい行動」

と考えると、たくさんの成長が見つかるはずです。子育てがもっと楽しいものになるのは間違いありません。

ここで「小さくていいのか？　子どもには大きな目標を達成してほしい。目標達成には、小さいことよりも大きなことが大事ではないか」と思われる人もいらっしゃるかもしれませんが、全く心配ありません。

新しい行動を起こす力を専門的には「行動変容力」と言います。まさに行動を改善する力のことです。

私は、企業の人材育成において、目標達成のための行動変容をモニタリングして延べ１万５０００人以上のデータ解析をしてきました。

そこでわかったのは**目標達成する人は、達成するための最適な行動を見出すために、小さな行動改善を続けた人という事実です。**

ここまで多様性が進み、市場の変化が激しい現在においては、最初に決めたやり方を続けて目標達成できるほど状況は甘くありません。

よって、**変化を楽しみながら前に進む力はこれからの時代を生きるために必要な力**と言えるのです。

Point 4

毎日「感情マーク」を書くだけで、感情をコントロールできるようになる

スマホ時間が増え、人と接する機会が減っている今、自分の感情をうまく表現できずかんしゃくを起こしたりして感情を制御できない子どもが増えていると言われています。

感情マークを書く習慣によって、マイナスの感情とも向き合え、上手に感情をコントロールできるようになります。ストレス軽減にも最適です。

★自己肯定感が下がったときの3つの特徴

最近、自己肯定感というテーマがよく言われています。2014年に内閣府が発表した国際調査の結果は衝撃でした。世界の先進国と比べて、日本の若者たちの〝自己

を肯定的にとらえている割合〟が圧倒的に低いというのです。この発表から教育や子育てに関わる多くの識者が自己肯定感を題材に書籍やコラムを発表するようになりました。

自己肯定感の高い人は「自分は大切な存在であり価値ある人間だ」と考えています。また、自分の欠点も含めて「私は私」と自分のことを肯定的に認めている状態になっています。

よって、多少のことで感情的になって「自分なんてダメだ」と自己否定になったりはしません。感情的に自暴自棄にならず、冷静で客観的に自分のことを見つめることができる、いわゆる感情コントロール力を持っています。

一方で子育て中は感情に振り回されることも多いことでしょう。

反抗的な子どもの姿を見て、急になんでこういう態度をとるんだろうと、子育てに自信がなくなるときもあることでしょう。

一生懸命に子育てに励んでいるからこそ、悩みも多くなりますよね。当然です。

毎日子育てに奮闘する中で、感情に振り回されないためにも、まず、子どもの自己肯定感が下がっているときにはどのような現象が表れやすいかを知っていることは得策です。

実は、次の3つの症状が表れるようになります。

あなたのお子さんが次の3つのどれかに当てはまっていたら、それは「自己肯定感が下がっている」サインです。

1　ほめ言葉や感謝の言葉を素直に受け止められない

「すごいね」「ありがとう」と言われても素直に受け止められない。何か裏があるのではないか、頼みごとをされるのではないかと勘ぐったりする。

がんばってお片づけをしたのを「がんばったねー。よくできたねー」と言ったとき、いつもだったら「うん。がんばったもん！」ってうれしそうにしていた子が「チラッとこちらを見るだけ」。あれっ？　と思ったことはありませんか？

2 忠告されたときに「怒り」が湧き上がる

相手はよかれと思って優しいアドバイスのつもりなのに、自分を否定、非難されたような気持ちになり、逆に怒り出したり反発したりする。

玄関に、靴が脱ぎっぱなし。あらーっと思って「○○ちゃん。靴はきちんと下駄箱《げたばこ》にしまって玄関はきれいにしようねー」と言ったとき、いつもなら「はーい。きれいにするよー」と言ってすぐに片づけに取りかかるのに、そのときに限って「○○（弟の名前）だって脱ぎっぱなしじゃん。私ばっかり注意されてるし」と反発されたことはありませんか？

3 失敗すると言い訳ばかり繰り返す

失敗を認めることができず、言い訳をする。言い訳は大きく分けて3種類。「忙しかった」という**時間の言い訳**、「私のせいじゃない」という**他責の言い訳**、「明日からやろうと思っていた」という**先延ばしの言い訳**。

遊んでいたおもちゃを壊した。「あれーっ、壊れちゃったねー」って言っただけなのに、「私のせいじゃないもん。知ーらない」と言い訳。別に怒っているわけでないのになんで？ って思ったことありませんか？

実際、こういうのは、よくあることです。

子どもだって大人と同じ一人の人間。感情の動物です。一日の中でも、自己肯定感は上がったり下がったりしています。

大事なのは**「自己肯定感が高いからいい、低いからいけない」と考えるのではなく、低くなっているときの小さな変化に客観的に気づいてあげられること**なのです。

そうすれば「今はちょっと落ちているだけかな。少し間をあけてみるか」など、親のほうも冷静に対処できるようになります。

子どもの感情に対して、親のほうからも感情的になったら、お互いにしんどいですもんね。

冷静にって、そんな簡単じゃないよ、と突っ込まれていると思います。じゃあ、どうしたらいいのか？
そこで、**感情を観察してコントロール力をつけるのに簡単な方法**があります。
難しいことは一切ありません。実は、**毎日感情マークを書くだけ**なんです。

★感情を観察する

毎日、その日の気持ちを感情マークで表します。
時間に決まりはありませんが、夕方や夕食のあとや寝る前など、その日の終わりのころにその日一日を振り返って、その感情をマークにするのです。

たとえば、
- お父さんと遊べたので楽しかった　ニコちゃん（喜！）マーク
- 友達とケンカしちゃった　プンプン（怒！）マーク
- 転んで足から血が出ちゃった　悲しい（涙！）マーク

……などです。

そのときのコツは、**マイナスの感情＝悪ととらえない**ことです。むしろマイナスの感情もそのまま素直に受け止めて書き留めることが大切。

親が、マイナスの感情がよくないことと考えてしまうと、子どもの心のフタが厚くなっていってしまい、次第に本当の気持ちを出しにくくなってしまう恐れがあります。

よって、イヤだったことやきついこと、つらいことも、その日の大切な感情のひとつとして受け止めてあげることが大事なのです。

受け止めてもらえることで余裕が出てくるので「なんでその感情になったのか？」と考えられるようになります。これを感情の「認知」と言います。

そうすることで子どもの感情の変化の特徴やパターンが見えてきます。

〝こういうことがあると、こういう感情で、こういう態度に出るのか〟と。

子どもとはいえ自分とは別人ですので、一人の人間としてとらえて、客観的に理解することはとても大切なことと言えます。

プンプン（怒！）

今日は、友だちとケンカをしてしまったからイヤーな気持ちなんだな。

自分を「バカにするような言葉」を言われたからムカついているんだ。

この習慣が、**「認知」と「感情」を分けるメンタルトレーニングとなって、次第に怒りに振り回されることがなくなっていきます。**

認知すると、心の中にもう一人の自分が出現している状態なので、自分を俯《ふ》瞰《かん》して考えられるからです。

友だちとケンカしてイヤな気持ちでモヤモヤしていたのがその理由がわかったことで「あー、そういうことか」と納得してほっとしたり、やさしい気持ちがわいてきます。

このように「認知」と「感情」と分けることを通じて、マイナスの感情と向き合えるからこそ、プラスに転換できるのです。

マイナスをフタをして、無理にプラスだけ見てポジティブにいこう！　と気合いを入れても、本物ではないので長続きしません。

マイナスをしっかり受け止めた上でのプラス転換は、本当の強さを伴ったプラスの感情の受け止めにつながります。それが自信になり、新しい行動に結びついていくのです。

（注）

２０１５年に公開されたピクサーの映画『インサイド・ヘッド』では、ライリーという女の子が主人公ですが、その女の子自身の感情たち【黄（ヨロコビ）青（カナシミ）赤（イカリ）緑（ムカムカ）紫（ビビリ）】がキャラクターとなって、壊れかけた女の子の心を修復して助けていきます。そこでも、カナシミの本当の心、すなわちマイナスの感情を受け止めることがいかに大切かを表していました。

東洋哲学の陰陽論においても陽転・陰転という考えがあります。「陰極まれば陽に転じ、陽極まれば陰に転ず」という言葉があるように、視点を変えれば、同じものが陽にも陰にも変わるということです。

コラム

感情にはプラスの感情とマイナスの感情がある

感情には、次のようにプラスやマイナスの様々な種類があります。

- 喜び……「うれしい」「すばらしい」「楽しい」など
- 安心……「ほっとした」「よかった」「落ち着いた」など
- 信頼……「誇らしい」「よくやった」「さすがだ」など
- 不安……「恥ずかしい」「心配だ」「焦る」など
- 驚き……「びっくりした」「予想外だ」「こわい」など
- 悲しみ…「悲しい」「悔しい」「寂しい」など
- 怒り……「イライラする」「腹が立った」「ひどい」など

うまく感情を表現できない人は、心の状態をこのような感情の言葉に置き換えるとよいでしょう。感情をうまくとらえるポイントは、自分の本当の感情を、まるで他人ごとのように一歩引いたところから見ることです。

そして感情に対して、「よい、悪い」の判断をせず、肯定も否定もせず、ありのままに認めて受け入れるとよいのです。

Point 5

親子で「できたこと」を認め合う相乗効果

人と信頼関係を築く基本となる「承認する力」は、お互いに〝できたこと〟を認め合うのが出発点です。

親子でお互い承認し合うことによって「喜びが連鎖」し、信頼の絆《きずな》が強まるだけでなく、創造的に行動が変化したことがわかります。

★なぜ、親まで「できたこと」を書く必要があるの？

「親子できたことノート」はその名の通り、〝親と子〟で「できたこと」を書いていくものです。子どもに「できたこと」を書かせて親がほめようという、一方通行のものではありません。

子どもと一緒に親自身も日々の「できたこと」を書き記していくものです。

私の主宰する〝親子セミナー〟で、こんな質問をするお母さんがいました。

「なぜ、私もやらなくてはいけないのですか？」

「私のことはもういいんです。子どもを何とかしたいのです」


私はスバリ答えました。

「まさにそうなんです。**子どもの自己肯定感を育みたいからこそ、お母さんの〝できたこと〟が大事なんです**」


親子できたことノートは、毎日子どもと一緒に親も〝できたこと〟を書いていきます。

その〝できたこと〟にお互いにシールを貼ったりコメントしたりして承認するのです。

1日たった10分のとてもシンプルな活動ですが、承認し合うことによって、自己肯定感が向上することはもちろん、次第に親との信頼関係が深まっていきます。

それが、学校や社会において**他者との人間関係を作る基盤**となっていくのです。

★こんな小さなことでもいいんですか？　いいんです

親子できたことノートを開発するときに、モニター20人に集まってもらって使い方をレクチャーしたあと、３か月のトライアルをしました。

１か月ごとにノートを持ってきてもらい、成果や課題を話し合っていきました。

そこに小学校１年生（６歳）の女の子のお母さんのＳさんも来ていました。

Ｓさんは悩んだ様子で、こう話されました。

「私のできたことを書こうとするのですが、〝こんなレベルでいいの？〟と考えてしまって、どうしても書けないのです」

お話を伺うと、Ｓさんは大手の流通関係の会社にお勤めで、マネージャーをされているとのこと。会社ではいつも部下の行動を指導されている立場だそうです。

いつもレベルの高い行動を促しているので、いざ、自分の〝できたこと〟と言われても、〝こんなレベルのことができたことと言えるだろうか？〟と疑問を持ってしまい、筆が進まないと言うのです。

そう考えてしまう状況はわかります。

だって、高い成果を求めて部下にはかなりのレベルの行動を求めていると思われるからです。

場合によっては、「その程度で成果が出ると思っているの？　目標達成のために、もっとしっかりPDCAを回すように」と叱咤《しった》激励《げきれい》する毎日かもしれません。

でも、ひとつ考えてください。ここは会社ではないのです。

子どもにとって、〝人間の基盤を作る最初の場所〟。それが家庭です。

ここはひとつ力を抜いて自然体になってもらい、普段の何気ない〝できたこと〟に着目してほしいのです。

親の書く〝できたこと〟は素朴なほどいいのです。

そのSさんに私は続けてこう聞きました。

私　「何か今週、家族のためにしたことはありませんか」（後述する〝パーソンめがね〟を使った問いです）

Sさん「んー、強いて言えば、毎日夕飯を作ったことかなあ」

私　「いいですね。どんな夕飯を作ったんですか？」

Sさん「あー、中華スープに挑戦したんですよ」

私　「すごい！　それ書きましょうよ！」

Sさん「はい。でもでも、当たり前ですけど、いいんですか」

私　「当たり前の日常がいいんですよ。お子さんは中華スープに何か言ってました？」

Sさん「おいしいって言ってもらえて好評でした」

私　「すごい！　いい話ですね。お母さんのできたことを承認しているお子さんも素晴らしいです。ぜひ、親子できたことノートを続けてみてくださいね」

Sさん「はい。なんか書けそうです。やってみます！」

このSさんの迷いは消え去り、どんどん書けるようになったそうです。

その週のできたことにはこう書いてありました。

火曜日
(親)テキトーに作った中華スープが子どもたちに大好評でうれしい。
↓(子)ダシとコンブがおいしい! LOVE MAMA

水曜日
(親)今日もおいしいスープが作れた。昨日よりバージョンアップ!
↓(子)あったまる〜

木曜日
(親)簡単スープ作りに開眼した! さらに野菜を入れられた!
↓(子)もっとおいしくなったよ!

金曜日
(親)夜ごはんを朝のうちに準備できた。
↓(子)カレーおいしかったよ!

今週のベストできたこと
簡単スープ作りに開眼した!

来週から工夫すること
もっと食材を増やしてみる

お子さんから
もっともーっとスープ進化させておいしくしてね!

Sさんが吹っ切れて開眼していく様子が見られると思います。

小さな〝できたこと〟から、次々と新たな行動が生まれている姿が見てとれます。

創造的に行動が変化していっています。これがまさに成長ですね。

お子さんからのコメントも、ほんと素晴らしいですね。見ているだけで心が温まります。

無理してハイレベルの〝できたこと〟を書こうとはせず、日々の素朴な小さなできたことを書くようにしていきましょう。

小さいできたことから、驚きの行動の変化を体験することになるのは間違いありません。

ところで、なぜ、親が〝できたこと〟を書くことによって子どもの自己肯定感が上がっていくのでしょうか。

脳科学の理論によって説明していきましょう。

★ミラーニューロン効果でお互いの自己肯定感が上がる

親ができたことを書くと、子どもの自己肯定感が上がる理由。
その答えは、
できたことに子どもからシールやコメントもらうと、
親がとてもうれしい表情を見せるからです。

親が幸せの表情をする。
だから、
子どもも幸せを感じる
のです。

これは**ミラーニューロン**という脳科学でも説明できます。
人間の脳には、〝ミラーニューロン〟という機能があります。ミラーは鏡のことですね。脳と脳が向き合ったとき、互いの脳は同じような活動をするというものです。

たとえば、目の前の人が手を回したとします。するとそれを見ている人の脳は、実際に手を回したときと同じ脳の部位が反応して働き出すというものです。

親の喜んでいる姿を見て子どももうれしくなってしまうという現象はこのような脳の働きでも説明できます。

しかも、自分の〝できたこと〟を子どもに認められるのですから、自然に微笑《ほほえ》んでしまうことでしょう。

これで、なぜ子どもたちの自己肯定感が上がるかと言うと、**「親が喜んでくれた」ということに幸せを感じ、「自分が親の役に立てた」という実感を得ている**からです。

本質的な自己肯定感とは、「ありのままの自分で人の役に立てること」「社会の中で存在価値があると思えること」。

Sさん親子は、できたことにコメントし合うことで、お互いの自己肯定感を育むことができています。

親子でコミュニケーションをとりながら楽しむことによって**愛着形成**につながり、それによって信頼関係が深まります。これは**親子双方の精神安定にも効果があります。**そして子どもにとって、親との関係が基盤となって、**人と信頼関係を築く基本となる「承認する力」が育ちます。**社会に出たあと、他者との関係性を作る際にも、よい影響を与えていくことでしょう。

親にとっても、自分自身へはもちろん、わが子を「見る目」が変わります。自然にいい部分ばかり目に入るようになるので、おべっかで「ほめる」必要もありません。このような親の変化により、お子さんはさらにうれしくなっていくことでしょう。

実は先ほどの中華スープのSさん。自信がないのが悩みで、前向きになるため、コンサルタントのコーチングサービスを個人で契約をしていたのですが、解約したそうです。その理由は、

「子どものほうがいいコーチだから」

親子で取り組むって、ほんと、すごい効果を生みだしますね。

Point 6 勉強させたいなら、あえてその周辺に着目する

学校に入ったら勉強の習慣を身につけてほしいものです。
でも、勉強しろと言うのは逆効果。
心ない言葉が子どものやる気を削いでいるとしたら……。
主体性を発揮させるためにはどうしたらいいのでしょうか。

★勉強嫌いの子のやる気スイッチをオンにするには？

勉強に身が入っていないわが子に「勉強しなさい！」と言っていませんか？

テストで不正解のところを指摘して責めてしまったり、無理やり次のテストの目標設定をさせてしまうことで、ますます子どもがやる気をなくしてしまう……という悪

循環に陥ることもあるでしょう。

でも、親として、子どもが授業についていけているか心配の種ですし、遅れていたら何とかしてあげたい一心ですよね。

ただ子どもが心配のあまり言っている言葉が、かえってやる気を削いでいるとしたら問題です。

- さっさとやっちゃいなさい。ノロマね。（人格の否定）
- お兄ちゃんを見習いなさい。あなたって。（誰かとの比較）
- そんなことじゃ将来あなたが困るわよ。（恐怖の植え付け）

イライラしていたら、思わず言ってしまいそうな言葉ですよね。

では、どうやって子どもと接すればいいのでしょうか。

勉強のやる気スイッチをオンにするにはどうしたらいいのでしょうか。

実は簡単です。それは、

「勉強そのものではなく、その周辺の〝できたこと〟に目を向けさせる」ことです。

私は多くの企業で人材育成や研修を行い、今まで１万５０００人以上の目標達成のための行動変容を見てきました。そして行動データを分析してきました。

その中でわかったことは、**目標設定して〝できなかったこと〟に着目させるやり方は、短期的にはよいが、中長期になると、モチベーションが続かず途中で頓挫《とんざ》しやすい**という事実です。中学受験で燃え尽き症候群になる人がいるのは、そのためかと思います。

親子できたことノートの目的は「行動変容」です。できたことを自己認識して自分を肯定的に見る目を養うことで、新しい行動を自ら見いだすという主体性を導き出す道具です。

人が自ら〝行動を変えたくなる〟ためには、できなかったことではなく、できたことに注目して自己肯定感を向上し、その上で本人が「もっとこうしていこうかな」と

振り返りをすることが重要です。

自己肯定感が低い状態では、「次はこうしてみよう」と自ら工夫するまでには至りません。

逆に、自己肯定感が高い状態では、「明日からこうやってみよう」と、次の行動に移りやすくなります。そうした小さな行動の積み重ねが、結果的に大きな成果につながるのです。

よって、「今日は、算数のテストが80点だった」などと結果だけに着目するのは逆効果です。たいていの人は、テストで80点だったとしても、できていない20点のほうに目を向けてしまうからです。

たとえば、

●ドリルを5ページ進めた

↓「友達のA君は10ページ進めていた。自分はまだ努力が足りない」など、足りない部分に目を向けてしまいやすい。

●今日のテストで90点をとった

↓「あと10点とれなかった」と、できなかったほうに目を向けてしまいがち。

●塾の成績別クラスが1つ上がった

↓「まだ上のクラスがある」「1番には上がれていない」という、他と比較して落ち込みやすい

といった具合です。

もし、勉強面に前向きに取り組んでもらいたいなら、むしろ、勉強をするまでの準備段階など、直接勉強とは関係ないことに積極的に目を向けるようにすると効果的です。要は〝プロセス〟に着目するのです。

たとえば、

●学校から帰って、すぐに宿題を終わらせた

●勉強前に、散らかっていた部屋の掃除をした

●塾に行く前に、自分で持ち物をチェックできた

といった具合です。このように勉強の周辺のできたことに着目するとよいのです。

この上で、週1回、新しい行動を見つけ出すための振り返りを行うことで、行動変容を導き出していきます。


ここまで聞いて、「勉強結果に着目させて、足りないところを埋めるように促すのが、成績を上げる近道ではないか」と考える人も多いことでしょう。

それもひとつの考え方かもしれません。

親子できたことノートで大切にしている考え方は、「子どもの主体性」です。

人に言われたからではなく、自分で考え、自ら行動を見出していってほしいのです。

そして、どんなささいなことと思われる**小さい行動の変化であっても、できたことを磨いて新しい行動を見いだす習慣が根付いていることが大きい成果を生み出す**のです。

まさに「生きる力」を養成していると言っても過言ではありません。

そして、**親としてできることは、子どもが自分で考えるということを支援する「質問（問いかけ）」です。**

親子できたことノートには、毎日できたことを書く、できたことメモ欄に加え、週1回はベストできたことを選び、さらに〝次の行動計画〟を書く欄があります。

新たな行動を引き出す親からの問いかけ

その週で一番いい！　と思ったことを「ベストできたこと！」として1つ選んでください。

選び方は直感でOKです。

「どれが一番好きなできたこと？」

と聞いてもいいでしょう。

あくまで子どもの意見を尊重することが大切です。決して誰かと比較して優れたもの（たとえばテストで100点だった）だけに着目して親から誘導しないように注意してください。

その１つのベストできたことについて、親から子どもに問いかけをすることで新たな行動を見いだしていきます。

では、「勉強前に、散らかっていた部屋の掃除をした」というベストできたことから新しい行動を引き出した事例で説明しましょう。

1 できたことを詳しく聞く

できたことの詳細を、「いつ」「どこで」「誰が」「何を」「どのように」に沿って聞いていきます。有名な４Ｗ１Ｈですね。

- いつやったの？（Ｗｈｅｎ）「今日、家に帰ってきたとき」
- どこでやったの？（Ｗｈｅｒｅ）「自分の部屋で」
- 誰とやったの？（Ｗｈｏ）「誰に言われたわけでもなく」
- 何をしたの？（Ｗｈａｔ）「使わなくなった参考書やプリント類を」

●どうやったの？（Ｈｏｗ）「分類して捨てたり並べたりして整理した」

2 なぜ、できたのか聞く

次に、できた理由を探ります。人は、できなかった原因を考えることはあっても、できた理由を考えることはあまりありません。しかし、人が行動を変えるためには、そもそも、なぜ「自分がそうした行動をとったのか？」と考えを深めていく必要があります。

そのため、親から「なぜできたのかな？」と聞いてあげるとよいでしょう。

では、事例の親子のやりとりを見ていきましょう。

親「えらいね。なぜ、部屋を掃除できたんだろうね？」
子「散らかっていた部屋で過ごしたくなかったから」
親「へえ。なぜ、散らかった部屋だと過ごしたくないんだろうね？」
子「汚いと落ち着かないしイヤだから」

親「なるほど。なぜ、落ち着かないとイヤなの？」
子「気持ちよく勉強する気も起きなくなるから」

このように、「なぜ？」と質問を繰り返すことで、「部屋の掃除をした」という出来事の本当の目的が、「気持ちよく勉強をする気になるため」であることが明確になりました。

いい行動に着目し、その行動をとった理由がはっきりすると、「次に、また勉強にやる気が出なかった場合には、まず、部屋を掃除してみる」というような、行動の変化が起こりやすくなります。

コラム

「なぜなぜ質問」で論理的思考をトレーニング

「なぜ？」なんて難しい質問に答えられるかしら、と不安になる人もいるでしょう。

でも安心してください。

実は、子どもはある時期になると、「なんで？」「どうして？」といった「なぜ？」という質問を繰り返すようになります。通称「なぜなぜ期」と呼ばれ心理学では「質問期」と呼びます。

その「なぜなぜ質問」は、学びへの興味が芽生えている証拠です。学び、成長するための原点としてとても大事な発達段階と言われ、欧米では「論理的思考力」「批判的思考力」を育てるトレーニングが開始されます。（日本の教育ではこのような視点が大変弱いと言われています）

論理的思考はロジカルシンキング、批判的思考はクリティカルシンキングと言われ、**ビジネスパーソンの必須な思考法と言われていますが、実は、なぜなぜ期のなぜなぜ質問によって幼少期から自然にトレーニングされている能力なのです。**

よって、大人は子どものなぜなぜ質問をおっくうに感じることもあるかもしれませんが、受け止めてあげて、「なぜだろうね？」と子どもの深い思考の手伝いをしてあげるくらいの気持ちでいいのです。

3 今の気持ちを聞く

なぜなぜ質問によってできたことの本質が見えてきたとしても、すぐに「人は行動を変える」まで至りません。人は、感情による動機付けによって行動する生き物です。実際に新しい行動を実践する力は感情から生まれます。

よって気持ちを聞いてあげるとよいのです。

「部屋の掃除をするのは、気持ちよく勉強をする気になるためだったんだね。すごい発見だね。今どんな気持ち？」

すると、「喜び」の気持ちの場合もあれば、「不安」の感情が生まれている可能性もあります。

「いつも部屋を掃除するのはめんどうだな」と。

そんなときは、その気持ちに寄り添ってあげてください。まさにマイナスの感情に触れるからこそ安心が生まれ、その先の挑戦行動が生まれるのです。

4 次にどんな工夫をするか聞く

ここで行動計画に結びつく大切な言葉かけがあります。

「次はどんな工夫をする？」

です。

実は、先ほどのなぜなぜ質問によって新しい行動のイメージはついているものです。

そして感情と向き合ったことで「次はこうしよう！」と考えているはずです。

そこで、「もっとこうすれば、よりよい結果が得られるかも」「次からはこうやってみよう」などと思い浮かんだことを書いていきます。

「勉強前に、散らかっていた部屋の掃除をした」というできたことから、

「これからは、まず、勉強を始める前に机をふくことにする」

という小さな工夫点を引き出すことができるのです。

大人で言うと「行動計画＝アクションプラン」ですが、子どもの言葉で言うと「次の工夫点」がよいでしょう。

創意工夫って楽しい言葉としてとらえてくれるはずです。

子どもって、そもそも「いろいろ思案して新しい方法を考え出すこと」が大好きです。

自分から「こうしてみたい」と見いだした行動に価値があるのです。

子どもの創造性を信じて親は引き出し役になれたらいいですね。

第2章

まずは、「できたこと」を見つける

できていないほうに目がいくのが
人間の特性であることを受け止め、
意識的にできたことに着目することをしていきましょう。
最初は見つかりにくくても、
〝3つのめがね〟を使うことで、簡単に見つけることができます。

子どもを伸ばす、たった1つのこと

人間の特性として「欠けたところに目がいきやすい」という事実は、子育て中の私たちの気持ちを少し楽にさせてくれます。

特性だからしょうがない。

そうです。子どものことを思って一生懸命やっていることの事実は、誰からも責められるものではありませんよね。

「もう、いつまで片づけないの？　早くやっちゃいなさい！」
「また、同じこと言わせて。なんど言ったらわかるの？」
「気をつけなさいって言ったでしょ。聞いてたの？」

毎日がこんな戦いの連続。忙しい毎日ですから当然ですよね。

子どもを心配するからこその声かけなのに、マイナス面が気になってどうしても注意ばかりしてしまうこともあると思います。

でも、特性だからしょうがないと考えず、ちょっと目線を変えるだけでパッと世界が変わってくるとしたらどうでしょうか。

やることはたった1つ。意識的に「できたこと」を見ようとするのです。

実は人のいい面は見ようと意識しないと見えません。気を抜くとダメな面ばかり気になります。

でも、ダメな面を指摘するアプローチより、いい面を認めるアプローチのほうが圧倒的に「行動」によい影響を及ぼすことは研究でわかっていることなのです。

それは、自分のことを認めている状態、すなわち**自己肯定感が高い状態であれば、**

自ら「動こう」とする意欲が湧きやすいというもの。

専門的には、「内発的な動機付け」とも言いますが、内側からエネルギーが湧き上がってくるのです。

逆に、**報酬を与えて動かすという「外発的な動機付け」は、短期的には効果があっても受け身で動かされているので、行動が続かないのです。**

親から「成績が伸びたらゲームを買ってあげるから勉強をがんばろう」という働きかけは、そのときがんばるだけで長続きするわけではありません。

誤解のないように言うと、「できたこと」をホメホメして明るく前向きにさせようという単純な話ではありません。

最近の子どもたちを見ていると、「明るく元気で」「陰キャラはＮＧ」「前向きにいこう」「夢を持とう」などと言われ続け、**ポジティブプレッシャーに疲れている**のではと感じます。

本当の自己肯定感は、自分の欠点やマイナス面も含めて受け止めて、自分を価値ある大切な存在であると自ら認めている状態です。明るく元気にといった賑やかで華やかなものではなく、もっと静かで深い味わいのあるものです。

よって、**私のメソッドは怒りや悲しみといったマイナス感情とも向き合うことも大切である**としているのです（第1章56ページ「感情を観察する」参照）。

今日の私はこんなにできている！ 小さな「できたこと」を見つけよう

ぜひ、日々お子さんと向き合って落ち着いた雰囲気で、こう聞いてみてください。

「今日はどんな日だった？　できたことはあった？」

「逆上がりができた」「宿題が終わった」「ピアノが上手にひけた」

最初は恥ずかしがっている子でも、次第に話してくれるようになります。

大事なのは、他と比べてハイレベルなことである必要はないということです。毎日そんなに大きな出来事は起こりませんし、日々の素朴なことでいいのです。


誰かと比較されて、自己肯定感が落ちている子は、機嫌が悪くなり、

「何もないよ！」

と言ったりします。

そんなとき。

「なんでないの？」「1つくらいあるでしょ」

と問い詰めてしまうのはNG。ゆっくり周辺から聞いてあげればいいのです。


「何もないよ」って言われたときこそ、親子の会話のチャンスです。

親「今日はどこ行ったの？」
子「公園、行った」

親「そうなんだ。楽しそうね。公園で何があったの？」
子「カマキリ見つけた」
親「へぇ。珍しいわね。どんなカマキリ？」
子「緑色でデカいやつだったんだ」
親「やったね。『公園で緑の大きいカマキリ見つけた』って、できたことね」

こうなったら、子どものほうも「こんなんだったらまだあるよ」なんて言いはじめます。

他にも、

「先生に元気にあいさつしたらほめられた」

「サッカーのドリブルが10回できた」

「給食ぜんぶ食べられた」

などと見つけられるようになります。

この普段の〝素朴さ〟こそが大事なのです。大人だって同じです。

あるママ向けセミナーで、できたことが「どうしても書けません」と言うお母さんTさんがいました。

私　「今日、何やりました？」
Tさん「別に……。家事やってここに来ただけですから」
私　「お忙しかったんですね。ところで、どんな家事ですか」
Tさん「えっ？」
私　「恥ずかしがらずに教えてください（ニコッ）」
Tさん「アイロンがけですが」
私　「どんな？」
Tさん「ワイシャツのアイロンがけです。3枚やりました」
私　「それって、すごいじゃないですか。めちゃ〝できたこと〟ですよ」
Tさん「えっ、こんなことでいいんですか？」
私　「まったくど真ん中の〝できたこと〟です。」
Tさん「こんな日常のことでもいいんですね。私、できてるんですか？」

私　「はい、もちろん。とてもできていますよ」

するとTさん、「私、できてるんですね」と泣きだされたのです。

今日はハンバーグがおいしく作れた、いつもより早く起きられた、上司に報告書を出した……。

「そんなこと当たり前」と思うのではなく、その中にある少しの変化を見つけてほしいのです。

●ハンバーグにナツメグで味付けしたらおいしかった
↓味付けを工夫してますね。うれしいですよね。十分できたことです。（後述：ハッピー〈Happy〉めがね）

●いつもより30分も早く起きれた
↓時間が早いですね。十分できたことです。（後述：ナンバー〈Number〉めがね）

●上司に報告書を出したら〝ありがとう〟と言われた
↓その報告書はきっと人のためになっています。十分できたことです。（後述：パーソン〈Person〉めがね）

このように見方を変えれば、日常の小さなことでも十分できたことになり得ます。

大事なのは、自分を見る目線を変えることです。

「できたこと」と「したこと」の違い

ここで確認をしておきたいのが、

「できたこと」

「したこと」

の違いです。

「したこと」は、「単にやったこと」です。

「できたこと」というのは、「ちょっとよかった」と感じられることです。

たとえば、

お子さんの遊びの出来事の例として、

●リナちゃんと遊んだ

は「したこと」です。しかし、

●リナちゃんと久しぶりに遊べて楽しかった

となると、「できたこと」になります。

親の仕事上の出来事の例として、

●後輩の相談に乗った

は「したこと」です。しかし、

●落ち込んでいる後輩の相談に乗ったら感謝してくれた

となると、「できたこと」になります。

単なる「したこと」よりも潤いがあると感じませんか？

毎日をこのような目で見ることで**自分のことを肯定的に見る目が養われ、次第に幸せを感じることが増えていきます**。

できたことは、自分の中の物差しで見つけることなので、ほかの人には気づいてもらえないような小さいこともあるでしょう。それでいいのです。

このように、「何がちょっとよかったか」を意識して〝できたこと〟を見つめることは、自分の中に眠る「エネルギーの源泉」を見つけていくことと同じです。

日常の見方を変える。たったひとつ目線を変えるだけで、できたことが見えてくるのです。

だって、あなたもお子さんも、すでにたくさん「できている」のですから。

できたことを見つけるための3つのめがね

ここでは、できたことを見つけるための〝めがね〟をご紹介します。

めがねという表現を用いているのは、自分を見る目を変えようということです。

人にはみな〝ビリーフ〟といって自分自身で思い込んでいる信念や信じている考え方があります。

「あの子はこういうタイプだね」「私はこういう性格だし」という決めつけも一種のビリーフです。

自分を見ている自分自身の色めがねですね。

「自分はどんな状況になっても大丈夫だ。乗り越えられる」という楽観的なビリーフを持っていれば、苦境になっても、そこを抜け出すための行動を起こすことができます。

逆に**「自分はいつもダメだ」「また失敗するだろう」という悲観的なビリーフを持っていると、なんとかしようとする前向きな活動が生まれてこず、「やめておこう」という考えに陥りやすいのです。**

このような心理学の観点から見ても、自分を見る目線を変えていくことが、いかに大事かがわかります。

そこで、〝できたこと〟を見つけるための〝3つのめがね〟を紹介します。

このめがねを使うことで、自分を肯定的に見る力が身についていきます。まさに自己肯定感が向上するのです。そして普通の何気ない日常が彩られていきます。きっと幸せを感じる時間が増えることでしょう。

では、順番に説明していきましょう。

1　「感情」に注目するハッピーめがね

ハッピーめがねは感情に着目するためのめがねです。

感情の変化を上手く観察するために次の３つのレンズがあります。**「スッキリ」「ワクワク」「ハツラツ」**レンズです。

スッキリレンズは「うれしい」と感じたことです。やった！　と思えたことでもＯＫです。

ワクワクレンズは「楽しい」と感じたことです。ウキウキしたことでもＯＫです。

ハツラツレンズは「元気ハツラツ！　気持ちいい」と感じたことです。汗をかいてリフレッシュなど運動や健康行動もＯＫです。

これら３つのレンズを使って感情の変化を観察してみてください。小さなことでかまいません。一日の中で、気持ちがちょっとでも上がったことがないか振り返ってみましょう。

事例で説明しましょう。

ハッピーめがね

「スッキリ」うれしい！

- 大きな声で上手に発表できた
- 行きたかった動物園にやっと行けた
- お気に入りの消しゴム（親：新書）が買えた

「ワクワク」楽しい！

- 友達４人でボードゲームをして遊んだ
- 図書館でおもしろそうな本を見つけた
- 新しい洋服を着て学校（親：同窓会）に行けた

「ハツラツ」気持ちいい！

- 髪の毛を切ってさっぱりした
- マラソンで気持ちのいい汗をかいた
- 給食（親：ランチ）で、野菜をしっかり食べられた

2 「数」に注目するナンバーめがね

ナンバーめがねは、数に着目するためのめがねです。上手く数のことを観察するために**「時間」「数値」「習慣」**の3つのレンズがあります。

時間レンズは、時間がちょっとでもよかったことです。早くできたり、すばやくできたりしたことはもちろん、ぴったり間に合ったなども時間としてよかったことに入れてください。

数値レンズは、その名の通り、「10回できた」など、数値がよかったものです。

このレンズはひとつ注意が必要です。それは**結果の数字に惑わされないでその過程でがんばったことに着目する**ということです。

たとえば、あなたがTOEIC（英語検定）の模試の結果、総得点は下がってしまったとしても、Part1のリスニングは上がったのであれば、そこに着目してほしいのです。結果ではなく、部分点を探すというイメージですね。

習慣レンズは、続けられたことですね。毎朝できたことや、何回連続でできたことなどを見つけてください。

事例で説明しましょう。

ナンバーめがね

「時間」

- ねぼうしないで朝7時に起きられた
- いつもより1日早くレポートを終わらせられた
- 登校（親：出勤）時間の10分前に到着できた

「数値」

- 漢字を20個書けるようになった
- プールで200メートル泳げた
- ザリガニ5匹（親：アポイントメント5件）とれた

「習慣」

- プログラミングが4回連続でできた
- 3日間、おやつをがまんすることができた
- 1週間、寝る前の歯磨き（親：ヨガ体操）ができた

3 「周りの人」に注目するパーソンめがね

パーソンめがねは、周りの人に着目するためのめがねです。自分が人のために何かしたことを探します。人を観察するために**「感謝」「表情」「行動」**の3つのレンズがあります。

感謝レンズは、何かして人に感謝されたことです。ありがとうと言われたことなどが入ります。

表情レンズは、何かして笑顔など相手のいい表情が見てとれたことです。

行動レンズは、何かしたことで相手がいい行動をとったことです。たとえば拍手やお礼などがそれに当たります。

このように相手にいい影響を及ぼしたできたことを探します。

相手の変化を観察できないこともありますが「誰かのためにやったことは、すべてできたこと」と考えることで、より多くのできたことを見つけることができます。

事例で説明しましょう。

パーソンめがね

「感謝」

- 朝、お父さんを起こしてあげたら「ありがとう」と言われた
- 試合でいいパスを出したら、チームメイトに感謝された
- 相談に乗ってあげたら、喜んでもらえた

「表情」

- おもしろい挨拶をしたら、笑ってくれた
- 元気なあいさつをしたら、相手がニコッとしてくれた
- サプライズでお祝いしたら感動してくれた

「行動」

- 泣いている妹とおもちゃで遊んだら、泣きやんでくれた
- お手伝いをしたら、ごほうびにケーキをもらえた
- ケンカをした友達に謝ったら仲良くなれた

「できたこと」の例

ハッピー

子：あたらしいしんかいぎょをおぼえた。あぶらぼうず

親：おふろのとびらの　カビそうじをした

ナンバー

子：4時15分まで2時間　べんきょうできた～！

親：○大量の洗濯！　朝5時から洗濯機を3回まわした。

パーソン

子：友だちがこぼしたスープをふいてあげた。ありがとうって言ってくれてうれしかった。

親：・[illegible]が、「今、ママが抱っこしてぎゅーってしてくれたから、ママのこと好きになっちゃった♪」と言ってくれた

さあ、この3つのめがねを使って、親子で一日の出来事を振り返ってみてください。
きっと、多くのできたことが見つかるはずです。

第3章

親子で「認め合いっこ」しよう

子どもからもらった「よくできました」シールは勲章です。
お互い、書いたノートにシールを貼ったり……。
子どもにほめられたことがあまりないママたちは、
なんだか気恥ずかしそう！
今日かけた親の一言（コメント）が、明日の子どもの力になります。

できたことをお互いに認め合うフィードバック効果

親子で毎日できたことを見つけていく活動が、とてもよい効果を生むことはおわかりいただけたでしょうか。

その活動を続けるために、私は「親子できたことノート」をつくることをお勧めしています。

たとえば、このようなノートです。Ａ４判見開き２ページ。広げるとＡ３判で１週間分となっていて、左側が子ども、右側が親のスペースになっています。

この大きさであれば、子どもも書きやすいでしょうし、見開きなので一目でパッと見ることができます。

親子の共同作業の日記なので楽しく習慣化しやすいでしょう。あとで振り返れば、**親子の成長の軌跡として、かけがえのないライフログ（活動記録）にもなるはずです。**

「親子できたことノート」のしくみ

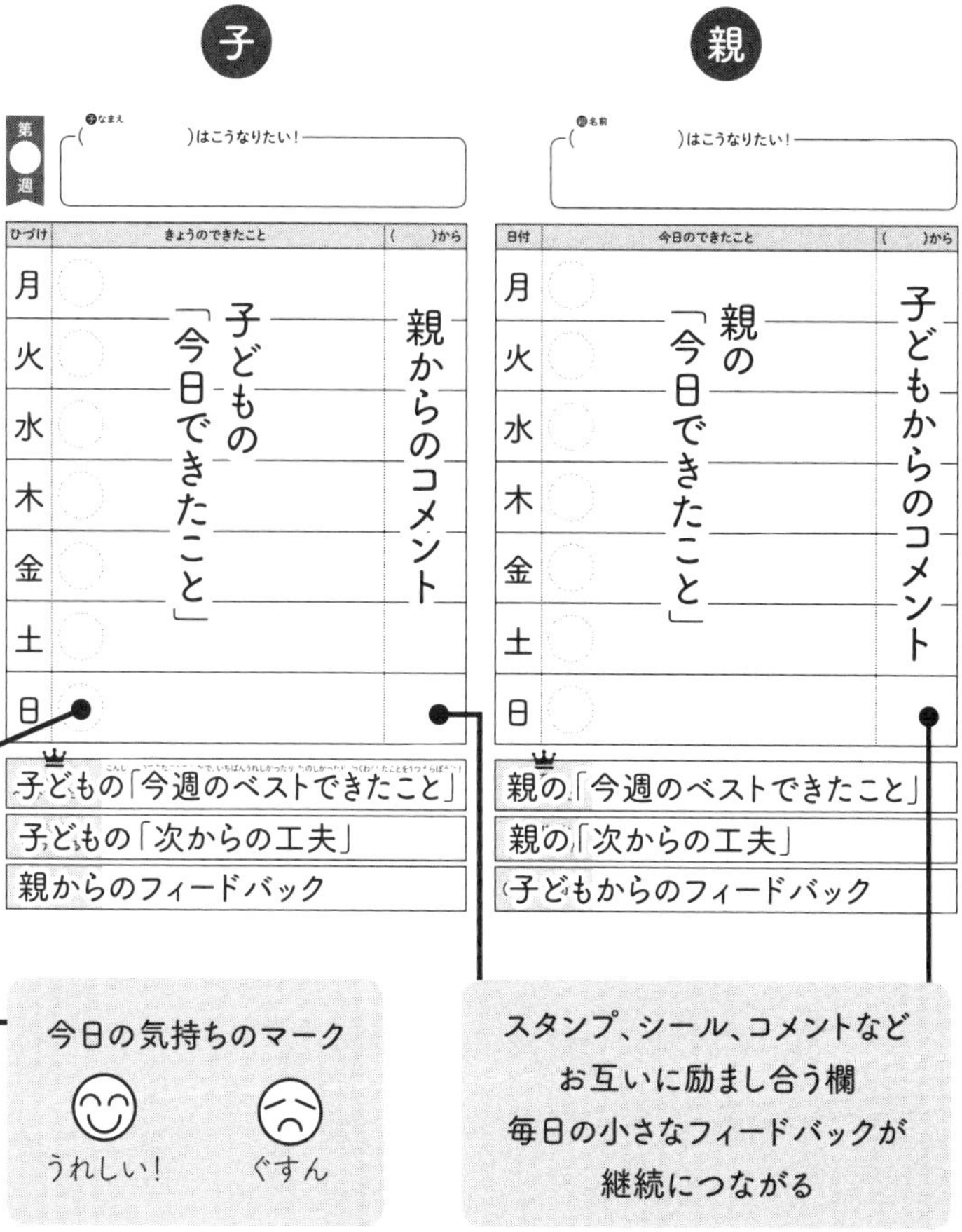

次に、自己肯定感向上のためにも、また習慣化するためにも、とても大切な活動があります。

それが、**お互いのできたことに対してコメントやシールを貼ることで認め合うという相互フィードバック活動です**。「フィードバック」とはビジネス用語で、相手の行動に対して、評価した内容や自分の意見を伝えることを指します。親子の場合のフィードバックは、肯定的な承認や期待の伝達となります。

「今日、どんなことあったの？　そうなんだ。がんばったねー」
「お母さんはこんなことあったんだよ～シールありがとう！」

このような会話をしながらノートに書いていくのです。大切なのは一方通行にならずに、お互いに行うことです。

自分のできたことを認められることによって自己肯定感が向上する効果も大きいですが、第1章の「親子で〝できたこと〟を書く相乗効果」でも述べたとおり、親の喜ぶ顔を見ることによって、ミラーニューロン効果もあり、子どももうれしくなります。**親の幸せに役に立っている実感が積み重なることで、自分のことももっと肯定的に見られるようになっていきます。**

何歳くらいから始めたらいいの？　とよく聞かれます。字が書ける小学生が中心ではありますが、実は4、5歳くらいからスタートするのも大変効果的です。**字が書けなかったら親が代筆してあげてもいい**でしょうし、漫画や絵などを書いたらより楽しいものになるでしょう。

実際、幼稚園の年中さんのお子さんとノートを活用しているお母さんから、「できたことノートをやるようになってから、字にとても興味を持つようになった」との報告をお聞きしました。

親子できたことノートは、自己肯定感や行動変容へよい影響を及ぼすことはもちろんですが、**字に対する興味・関心が育つ**ことも確認できています。書くことのよさが活かされていると言えます。

親子で笑顔が増える！　実践例を見てみよう

ここでは、実際に「親子できたことノート」の実践例を見てみましょう。心温まる場面が多く、思わず微笑んでしまいますね。

親のできたことに子どもからコメント

（親）授業参観に行けた

↓（子）**きてくれてありがとう**

（親）朝、不調になるイレギュラーが発生したけど、なんとか朝弁、昼弁、夕食を作り6時40分に出発できた。みんなに感謝しかない

↓（子）**ママに感謝しかない**

親 時間通り家を出られた
トラブルなく1日を終えられた
↓
子 シール＆いつも笑顔でがんばってるね

親 仕事が計画通りに進められた
8000歩あるいた
↓
子 「たいへんよくできました」シール

親 きょうでぜんきがおわり　はじめてつうちひょうをみた
がんばった○○をたくさんほめることができた
↓
子 「よくできました」シール＆ぜんきたのしかった

親 かいもので　よけいなものを　かわずにかえった
↓
子 「えらいおん（「えらい」ライオンの絵）」シール＆ママがんばれ

(親) 朝から雨で電車通勤もあり大変だったが、なんとかなった
明るく笑顔ができた

↓(子) **お疲れ様!!　来週もファイト!**

(親) 早起きして、お風呂やトイレそうじをささっとすませられた

↓(子) **キレイな家で幸せです☆**

子どものできたことに親からコメント

(子) **○○ちゃんにおこられなかった**

↓(親) 「たいへんよくできました」シール&
○○ちゃんとなかよくあそべたんだね

(子) **学校でわすれものがなかった**

↓(親) すごい!　その調子!!

子　キックで「はやく細かく」を目ひょうにしていたこと　たっせい
やった！（マンガ）

↓ 親　目ひょうたっせい　おめでとう！

子　午前中　お母さんといっぱい歩けた！
午後は雨もふってたからゲームをした。楽しかった♪

↓ 親　人生ゲームは大逆転で私の勝ちだった…ふふふ…。
でもDSのテクニックはかないません。また教えてください！

子　今日は6時間目　体育！
Tボールでこうげきの時、8点取って勝てた！

↓ 親　すごいね。球技は苦手といっておきながら、いつの間に!!

子　お皿あらいをママとひさしぶりにできた☺

↓ 親　とってもありがたかった！　楽しかったね☺

心の支えとなる親との信頼関係が築かれていく

みなさん、楽しみながら使っていますね。見ていて幸せな気持ちになりますし、思わず微笑んでしまいます。

普段の学校の様子などわからなかったことが、わかるようになることは、とてもうれしいことです。

実際、「できたことノートを始めたら、学校のことをたくさん話してくれるようになりました」とお聞きします。「逆に、学校でイヤなことがあったとしても、それを伝えてくれるようになりました」という報告もありました。

また、親としてあまり話すこともない仕事のことを伝える機会になるので、子どもにとって社会を垣間見る貴重な経験となります。

そして、「お父さん、お母さんも大変でもがんばっているんだな」と一人の人間として親を見られるようになります。**親の人間らしい部分、時には弱いところを見せることは逆に子どもの自律を促すことにもつながるのです。**

自分を一人の人間として扱ってもらい、そして親も一人の人間なんだと感じることができる。

どうしても親子の関係は縦の関係になりやすいですが、横の関係になることができるのも、この「親子できたことノート」の効果と言えるのです。

その中で、親との深い信頼関係が築かれていきます。

さらに生きていくための基盤である「肯定的な目線で他者と信頼関係を作る力」が養われていくのです。

いずれ親の手を離れて一人で歩いていく子どもたち。

人生は時にはしんどいこともあるでしょう。でも、そんなときに支えになるのは、

子どものころ育んだ疑いのない親との信頼関係であることは間違いありません。

できたことタイムは、親子1対1の「天使の時間」

このような一日を振り返る親子の活動（できたことタイム）は、夕飯の片づけのあとにやったり、お風呂に入る前にやったり、寝る前にやったり。それぞれのご家庭の都合に合わせてこの親子の1対1のコミュニケーションの時間をとるとよいでしょう。

できたことタイムの時間は、まさに子育ての〝天使の時間〟ですね。

そして、お子さんごとにノートをつくることをお勧めします。

きょうだい一人一人の時間を持つことは大変ですが、このノートを通して、一人一人のお子さんを見つめる時間ができます。

あるお母さんは、ノートの効果を「子どもに対する自分の気持ちを再認識できること」と言いました。

このお母さんは2人の子どもを育てています、下の子にかかりっきりで、上の子には「お姉ちゃんだから」とあまり関わっていないと思い込んでいたらしいのですが、ノートを始めてから、

●朝、三つ編みにしてあげた
●運動会のお弁当をキャラ弁にしたら喜んだ
●仕事で遅かったが夕飯を一緒に食べられた

と、お姉ちゃんのこともたくさん〝できている〟ことがわかりました。

お姉ちゃんからも「がんばってるね」「いつもありがとう」というフィードバックをもらえたそうです。

「ああ。お姉ちゃんを寂しくさせてると思っていたけど、意外と自分はちゃんとでき

ているな。よかった」

とほっとして涙が出たそうです。

この「親子できたことノート」。楽しく続けているうちに、この一冊がその子どもと自分の成長を一緒に楽しんだライフログとして、大切な宝物になるはずです。

チャレンジする意欲と脳内ホルモン

親子でできたことを書いて、お互いにコメントやシールで認め合ったら、次のように言って「天使の時間」を終えるといいでしょう。

それが、

「今日もできたね。明日も何ができるか楽しみだね」

という声かけです。

ばかばかしい子どもだましのように聞こえるかもしれませんが、そんなことはありません。これは脳科学の側面から見ても、正しいやり方なのです。

実は、**「自分はやれる」と自分に期待する気持ちになると、チロトロピンという甲状腺刺激ホルモンが分泌されます。チャレンジの気持ちを持ったときに出るこのホルモンによって集中力が高まり体の動きが活発になります。**

いいホルモンが出るような精神状態を保つことによって、潜在意識に「きっとうまくいく」というイメージを刷り込むことができるのです。

「できたこと」を自己認識することは、まさに「未来を切りひらくホルモン」を増やすことと言ってもいいでしょう。

また、実際に声に出すことで、聴覚を通じて自己暗示にもかかりやすくなります。

こうすることで、脳もそう思い込んでくれるからです。

実際に、親子できたことノートの活用者に聞いた話ですが、小学生のお子さんが水泳教室の進級テストの前に、

「ママ、なんか今日、新記録が出そうな気がする」

と言うようになったそうです。

ネガティブ思考でいつも「ムリムリ」が口癖だったわが子の変化に驚いていました。

「楽しいから笑うのではなく、笑顔をつくると脳が楽しさを感じる」という話は、ご存じの方も多いかもしれません。これは精神論ではなく、科学的にも一定の根拠が認められていることなのです。

できたことを認め合って、〝できている事実〟を認識したあと、「明日もできる」。

この言葉をかけ合って、プラスの暗示をかけることを習慣にしていくといいでしょう。

第4章

1週間の振り返りをしてみよう

1週間ためてきた「できたこと」。1週間に1回、全体を振り返って「ベストできたこと」を1つ選びます。そして「来週からどんな工夫をする?」という問いで、そのベストできたことをバージョンアップするための行動を考えます。難しく考えずに「ちょっとよくする」程度でいいのです。こうやって行動変容の習慣が身についていきます。最後に1週間の締めとして、お互いに応援メッセージを付け加えましょう。「きっと来週もいい日になるね」と。

自然に新しい行動が導きだされる「できたことノート」の仕掛け

できたことを書き続けることで揺るぎのない自信が芽生え、親子で認め合うことによって、それを疑いのないものにしていく。

この一連の活動の効果を感じていただけたかと思います。

ここからが、このメソッド「親子できたことノート」の真骨頂です。それは行動変容です。

私は「人の行動を変える専門家」です。これまで、１万５０００人以上の人たちを「行動できる人」に変えてきました。

多くの企業において、目標達成に向かって自己成長が期待される人材育成に関わり、行動実践を支援するためのＩＴシステムを導入。そして、そのモニタリングデータを分析してわかったことがあります。

それは、「自信を持って、よりよい方向に変われた人というのは、毎日の小さな変化を見逃さず、素直に自分と向き合えた人だ」ということです。この本に書かれている方法は、こうした事実を踏まえてつくられました。

ぜひ、肩の力を抜いて、新たな行動が見いだされていくプロセスを楽しんでください。

プロセスはこうです。

●1日1回、1～3つできたことを見つける

（第2章「できたことを見つける」、第3章「親子で「認め合いっこ」しよう」）

●1週間1回、ベストできたことを1つ選び、来週どんな新しい行動（ちょっとした工夫）をするかを考える

（この第4章「1週間の振り返りをしてみよう」）

1～3週間経ったら、

●「こうなりたい」を見つける

（第5章「なりたい自分が見えてくる」）

これによって、**自分が好きなこと、大切にしていること、もっと高めたいことという「自分の価値観」が言語化され、「新たな行動」が自発的に出てくるようになります。**

まさに、**自分軸**を磨きながら主体性を発揮して、イキイキとした人生を歩む基礎ができ上がっていくのです。

では、1週間に1回行う振り返りの方法を説明していきましょう。

1週間に1回「ベストできたこと」を選ぼう！

前にご紹介したように、毎日書いた「できたこと」の中から、これが一番！　と感じるものを1つ選びます。

「ベストできたこと」と言います。

毎日記録する「できたこと」のメモの中には、すでに自分の「価値観」が表れています。1週間分の「できたこと」はまさに自分の「価値観」の集積です。

価値観とは自分が「何を大事に思っているか、何を大切にしているか」ということ。けっして人と比べるものではありません。

小さくても「自分が気に入っていること」ばかりです。

その中から1つ選ぶということは意味深いことです。

なぜなら、「私って、これが大切なんだ」という自己の考えを再認識することになり、自発的な行動変容や自分軸作りにつながっていくからです。

直感に潜む自分の価値観

さて、この「ベストできたこと」はどのように選べばいいかですが、それは、

「直感」

です。

直感とは、いい加減に、適当に選ぶという意味ではありません。実はとても意味があります。

いくつかある「できたこと」から直感で選ぼうとするとき、無意識に以下のような気持ちが動きます。

「もっと楽しみたい」

「もっとよくしたい」

「もっと高めたい」

心の中に、このような前向きな感情が湧いているのです。「ものの見方やとらえ方」を〝認知〟と言いますが、その認知には瞬間的に浮かぶ考え、「自動思考」があります。

先ほど説明したように、できたことは自分の価値観の集積ですから、その中から1つ選ぶことは肯定的な自動思考が生まれやすくなります。

これは、その後の行動に大きな影響を与えます。どんな小さなことであっても、新しい行動を起こすということは「挑戦」と言えます。

そして、**行動を起こす原点は自分自身から湧き上がる「前向きな感情」**です。

いくら周りが「あれをやるといい」「これをやるべきだ」と説明しても、行動が続きません。場合よっては「だったら、やらない」と逆効果にもなり得ます。

よって、**「これができた！　これからもきっと〝できる〟！」と自分で認識することは、次の行動を起こすための大切な準備になる**のです。

振り返りは「反省」じゃない。効果的なフィードバック5つのコツ

子どもが「ベストできたこと」を選びやすいように、親から声かけして引き出すとよいでしょう。

1週間でたまった「できたこと」についてひとつひとつ振り返りながら話をするのです。こうすることによって、子どもはできたことについて再認識することができます。

少し注意が必要です。

「ドリルを2ページやった」と言うお子さんに、

「来週はもっとがんばって3ページやろうね」

と誘導してしまいがちですが、ここはひとつグッと飲み込んで、相手に寄り添って声をかけてほしいのです。

相手の行動に影響を及ぼす声かけ、「フィードバック」をしたいのです。

私は企業研修において、フィードバックが行動変容に対してどれくらい効果があるかをデータ分析したことがあります。それによると、**週に1回以上フィードバックを受けた人の行動変容率は平均77%、フィードバックを受けなかった人はわずか15%**でした。

フィードバックは行動変容にとても影響を及ぼすことがわかります。

では、どんな声かけをすればいいと思いますか？

「がんばってるね」という共感だけでも十分うれしいものですが、もっと効果的なフィードバックの手法があります。

それは、**「共感＋質問」**です。

「共感」は、まず、できたことに対するリスペクトを伝えます。いわゆる承認ですね。

そして、共感だけで終わらず、次に「質問」によってちょっと考えてもらうのです。

人は質問によって考えを深めることができます。でも、いきなり質問されるほうはキツイもの。そこでまずは共感によって相手に質問を受け入れられる気持ちになってもらうことが大切です。


では、効果的にフィードバックするための５つのポイントを解説しましょう。

① 知らないことは興味を持って聞く

お子さんの話を興味を持って聞いてあげれば、「こんなことあったんだよ」って目を輝かせて説明してくれます。そして、お子さん自身が話していくうちに、「すごいな、よくやったな、楽しかったな、面白かったな」と肯定的にできたことを再認識することができます。

② お手伝いには親として感謝を伝える

できたことの中には、家のお手伝いをしたこともたくさん含まれます。うれしかった気持ちをストレートに伝えてください。親の喜ぶ顔でさらに役立ったことを知ることができるので、自己肯定感が向上します。

親子できたことノートを続けているお母さんから、「子どもが積極的にお手伝いするようになった」とお聞きすることもよくあります。

③ ナンバーめがねの数字にいい反応をする

数字を含んだ「できたこと」に注目して承認を伝えてください。もちろん第2章で説明したように、結果の数字に惑わされず、その過程でがんばったことに対して認めてあげるのです。

そして、どういう方法でできたのかなど深い興味を示して聞いてみてください。このような声かけで、数字に強くなるだけでなく、客観的事実を認識する力が育っていきます。

「なわとびの練習をする子どもが〝お母さん、次は10回できそうな気がする〟と言い

出してびっくり。ほんの数か月前まで、いつも〝ダメだ〟が口癖だったのに」

という話をお聞きしました。

これも「やればできそうだ」というマインドが育っていった証拠ですね。

4 キツイことには寄り添う

子どもは、キツかったこと、イヤだったけどがんばったことを〝できたこと〟に書くこともあります。そのときは、**「しんどかったね」「たいへんだったね」と、その気持ちに寄り添った声かけ**をしてください。

あまり聞かれたくないことの場合もありますので、状況に応じて「質問」してください。質問で問い詰めるのではなく、「こんなことがあったんだね」と〝おうむ返し〟も有効なコミュニケーションの手段でしょう。

親子できたことノートを続けているお母さんから、「いいこともたくさん教えてくれるようになったが、逆に学校でイヤなこともあったことも話してくれるようになった」とお聞きしました。

5 パーソンめがねは相手に感謝された気持ちを聞く

誰かのためにしてあげたことは全て「できたこと」という認識のもと、**「よくやったね」と承認**してあげてください。相手の気持ちを想像して言葉にしてあげるのも効果的です。

「きっと○○さんは〝ありがとう。おかげで助かったよー〟って、とても喜んでるって思わない？」

このように声をかけることで、お子さんは相手の喜びを感じることができ、「自分は役に立つ」と自分の価値を再認識することができます。

このような経験は、**学校や社会で他者と協働する力を養う**ことにもつながります。

事例で説明しましょう。

1 できたことの中身に興味を持って聞く

(子) あたらしい、しんかいぎょをおぼえた。あぶらぼうず

↓

(親) あぶらぼうずってしんかいぎょなんだね。すごいね。どんな魚なの？

2　お手伝いのことは感謝を伝える

（子）タオルをかえられた

↓（親）ありがとう。助かったよ。またタオルかえてもらえるかな？

3　数字が書いてあったら、そこを聞く

（子）ちゅうしゃ2ほんできたよ。なかなかった

↓（親）なかなかったんだね。えらいね。ところで2本も、だいじょうぶだった？

（子）4時15分まで2時間勉強できた

↓（親）おお、すごいね。2時間もどうやって集中できたの？

4　キツそうなことがあったら寄り添った声かけをする

（子）かぜでおやすみできたよ

↓（親）ママおやすみできなくてごめんね。さびしくなかった？

5 パーソンめがねを使ったできたことには、感謝された気持ちを聞いてみる

(子) 友だちがこぼしたスープをふいてあげた
ありがとうといってくれてうれしかった

↓

(親) 優しいね。友達も助かっただろうね。
ありがとうって言われて、どんな気持ちだった？

子どもがベストできたことを選べたら、ノートに書き込みます。

次にどんな工夫をする？ 自分から行動する子になる4ステップ

ベストできたことを選べたら、そのベストできたことをさらに磨いて、次の行動の計画を見いだしていきます。

大人で言うと、行動計画はアクションプランということになりますが、言葉として、

もっと子どもに伝わる表現をしたいところです。

そのときの問いが、

「次にどんな工夫をする？」

です。

工夫という言葉は学校でもよく使われる言葉ですし、子どもにも伝わりやすいでしょう。

ベストできたことをちょっとだけバージョンアップした新しい行動を書いていきます。

コツとしては、小さいことでもＯＫということ。

難しいことよりも、翌週に確実に実行できる簡単なことを書くとよいでしょう。

難しいと感じる場合は、以下の４つのステップで聞いていくと導きやすくなります。

それが、

1 詳しい事実【具体的に何があったのか？】
2 原因の分析【なぜ、できたのか？　何のためにやったのか？】
3 本音の感情【今、素直にどう感じているか？】
4 次なる行動【次にどんな工夫をするか？】

の4ステップです。

実はこのステップは、私が開発した目標達成のための行動変容メソッド「PDCFAサイクル」のC（Check）：**内省**（深い振り返り）と同様の手法です。専門的には〝リフレクション〟と呼びます。経験から学び、新たな行動を見いだすメソッドとして大手企業の人材育成で多くの社会人が実践しています。

ビジネスパーソン向けのメソッドは小さい子どもには早いのではないか？　と感じることもあるかもしれません。

でも、私が教育や人材育成に20年携わってきた経験から、主体性を育むには、子どもも学生も社会人も結局は同じ普遍的なアプローチが有効であると発見しました。
どの層にも**この４ステップが結果的に「主体的な行動を生む思考プロセスである」**という結論にたどり着いたのです。

では、４つのステップを順に説明します。

① 詳しい事実【具体的に何があったのか？】

ベストできたことをもっと詳しく表現することです。

第1章でもふれたように4W1H（When，Who，Where，What，How）で聞くと、詳しく聞き出すことが可能です。

たとえば、

「運動会の練習ができた」

であれば、いつ、誰と、どこで、何を、どのように、行ったのかを聞いてみるのです。すると、

「火曜日に学校でクラスのみんなと来月の運動会のリレーの練習をチームに分かれてやった」

といった詳しい事実が見えてきます。

2 原因の分析【なぜ、できたのか？　何のためにやったのか？】

次に、できたことの原因や背景を探っていきます。
「なぜ、そのリレーの練習ができたのか？」と聞いてみるのです。
すると、「みんなが一生懸命になって準備したからできたんだよ」
と、できた理由が見えてきます。
続けて、「何のためにやったのか？」と目的を探る質問です。
「そもそも、なんで一生懸命リレーの練習してるの？」と聞いてみるのです。
すると、「がんばってリレーで1位になろうってクラスで話してるんだよ」
と目的を教えてくれます。
ここまできたら、次の工夫点を出しやすくなりますが、あわててはいけません。

行動をするのは、あくまで感情。心が変化しなければ新しい行動は実践されません。
そこで、次に感情を聞いていきます。

3 本音の感情【今、素直にどう感じているか？】

できたことの詳細がわかり、できた理由やその目的も見えてきました。

そこで、

「今、どう感じてる？」と聞いてみます。

「ちょっとバトンが心配だけど、僕もがんばって走ろうと思うよ」

と正直な気持ちが出てきます。不安が出てくることもありますが、第1章で話したように「適度な不安」なので問題ありません。行動することで不安も払拭されることを感じるはずです。

そして、いよいよ次の行動を聞いていきます。

4 次なる行動【次にどんな工夫をするか？】

できたことメモからベストできたことを選び、さらにそのできたことを磨いて新しい行動を見いだしていく。ここがいよいよ行動変容に向かった思考のハイライトです。

「運動会がんばろうとしてるんだね。そのために来週はどんな工夫をしてみるの？」

と聞いてみるのです。

すると、「来週も練習を一生懸命やって運動会までがんばるよ」と答えてくれます。

これをできたことノートに書き記してもらったあと、親からの応援メッセージを書き込んでください。

「楽しみにしているね。がんばってねー」と。

どうでしょう。行動変容を導き出すことができそうでしょうか。

もし難易度が高いと感じた場合や、お子さんが乗り気でなかった場合は、作戦を切り替えて、「今週よかったことを繰り返してやってみる」でもいいでしょう。

だって、**「続ける」ということは、それだけで十分に行動変容**ですから。

子どもたちの「小さな行動の変化」を見てみよう！

では、いくつか事例を見てみましょう。

ベストできたこと　まぐろのかいたいしょーがみられたよ

来週からの工夫　さかなやさんにいく

ママから　よし、つれてったる！

解説　解体ショーが相当印象的だったのでしょうね。「魚屋さんに行く」とのことで、魚という生き物に興味が湧いていることがわかります。

ベストできたこと むずかしいかん字が書けた

来週からの工夫 引き算が苦手でもっとべんきょうしたい

ママから 勉強がんばってるね☺

解説 難しい漢字が書けたことで勉強に自信が芽生えたのでしょうね。引き算が苦手だけどがんばるということで、国語から算数にも新しい行動が波及しています。

ベストできたこと ○○ちゃんとあそべたこと！

来週からの工夫 こんどは、ぬれてもいいふくそうにする

ママから また一緒に遊ぶ時間つくろうね

解説 お友達と遊べたのが本当にうれしかったのでしょうね。でも、雨が降ってきたのかな？ 今度は濡れてもいい服装にする、とのことです。カッパもっていくといいかもね。

ベストできたこと　きゅうしょくをのこさずにたべた

来週からの工夫　もっとはやくたべたい

ママから　よくがんばったね。よくかんでたべてね

解説　小学校2年生、給食を全部食べられたんだね。もっと早く食べたいと言っているところを見ると、いつもはみんなより遅くなっちゃっているんだね。でもがんばっている様子が見られて微笑ましいです。ママからも「がんばったね。よくかんで食べてね」と娘を気遣う様子が見られます。

ベストできたこと　まめがつぶれたけどがんばった

来週からの工夫　うんどうかいまでがんばる

ママから　うんどうかい　たのしみだね。がんばってね

解説　運動会の練習をがんばっている様子がよくわかります。まめがつぶれてもがんばって、うんていもがんばっています。運動会の本番に向かってがんばろうとしてい

る姿が見られます。

ベストできたこと 土曜のじゅ業さんかんでの新聞発表にせいこうした

来週からの工夫 発言のときハキハキ言えるようになる

ママから できることが増えてきたね。すごい!! いつもありがとう

解説 学校での発表に成功して、さらによくなろうと発言をハキハキ言えるようになろうとしていますね。このようにひとつのできたことが承認されると、もっと高めようとする行動力が自発的に生まれます。

ベストできたこと タオルをかえられた

来週からの工夫 プラゴミを減らす

パパから ○○ちゃんといっしょだと、いろんなことがたのしくすすめられてうまくいきます! ありがとうね

解説 普段から家のお手伝いを積極的にやっている様子が目に浮かびます。タオルをかえられた日のパパのコメントが「またタオルかえてね。ありがとう!!」と感謝の気持ちを伝えてます。きっとお手伝いをするうちに家庭ゴミの問題に気づいたのでしょう。「プラスチックゴミを減らす」と環境のことまで視座が高まったようです。

（お母さんが代筆です）

ベストできたこと ねんどで作った、さんかくっきー（三角クッキー）が楽しかった

来週からの工夫 ブロックでもっとたくさんつくる

ママから どんどんじょうずになっているね

解説 お母さんがお子さんと話しながら代筆してノートの時間を楽しんでいる様子が見てとれますね。保育園で手作りの作品がたくさんあるようです。ブロックでもっとたくさんつくるとのこと。どんどん楽しいものを創作してね。

1週間の締めの認め合いは潜在意識を前向きにする

どうでしょうか。これが1週間に1回、ベストできたことを選び、それをもとに新たな行動を見いだしていくという活動です。

お気づきかもしれませんが、できたことは自分の価値観の集積ですから、そこを磨いていくということは、自分の好き！　を磨いているのと同じ。きっと自発的に自分から行動変容する力が身についていくでしょう。

小さな行動の変化は、いずれ大きな変化をもたらします。「できたことノート」は、そうした変化を導いてくれる「脱皮ツール」とも言えます。

私は企業研修で人材育成をする中で、自ら成長を楽しみながら行動変容できる人と、いつまでも受け身でやらされ感のある、行動変容できない人（一時的には動いても、すぐやめてしまう人）を見てきました。

自分の「できたこと」に着目することは、さらによくするために自ら行動を変えていく習慣が身につきやすいことを表しています。

まさに、この「できたことノート」が生まれた背景でもある、自己開示できない人とできる人の差は、自己肯定感が原因であることは間違いありません。

それは、子どもの頃から自分の好きなことを伸ばしてきた経験があるかないかに関係しています。

さて、お子さんの1週間に1回の振り返りが終わったら、次は親の番です。

やり方は全く同じ。1週間のできたことメモからベストできたことを選び、来週やってみることを書いてください。

そして、お子さんに、

「ママ（パパ）は、これがベストできたことだよ。来週はこんなことをやってみようと思っているんだ」と伝えてください。
そして同様に応援メッセージをもらうのです。

ベストできたこと　Aちゃんおすすめの本を読めたこと
来週からの工夫　読んだ本の感想を伝える
（Aちゃん）から　**これからもいっしょにほんをよもうね**

解説　ママが子どもにお勧めされた本を読んでいるのですね。感想を伝えるそうです。娘さんからもこれからも一緒に本を読もうなんて仲がいい姿が浮かびます。

ベストできたこと　仕事と家事を片づけた
来週からの工夫　仕事がおもしろくなってきた。子育ても優先しつつ、もっと加速できるように時間を上手にやりくりしたい
（Bちゃん）から　**がんばったね**

解説 親のほうのできたことは、仕事のことを書いている人も多いです。子どもから、一生懸命に書いた字で「がんばったね」と言われたら元気100倍です。

ベストできたこと やると決めたところで定期的に運動ができた

来週からの工夫 リフレッシュタイム継続。イライラする時間が少しでも減るといいな

（Cくん）から **がんばってね**

解説 ストレス発散も兼ねて運動でリフレッシュしているようで、とてもいいですね。親が素朴なできたことを大切にして、生活を豊かによりよくしようとしている姿を子どもに見せることって、とても大事なことですよね。親もひとりの人間なんだと伝わりますし、子どもの自律を助けるはずです。「がんばってね」って言われたら、ほんとうれしいですね。

ベストできたこと レターさくせいがんばった

来週からの工夫　しごとすすめていく。しゅうちゅうする

（Dちゃん）から　うんどうかい　たのしみにしてて

解説　子どもが読めるように、ひらがなで書いたり、ふりがなを振ってあげる親も多いです。どんな仕事をやっているか興味を起こさせることもできますね。

来週に向けての2人の大切な時間が終わったら、最後は、

「今週もよかった。きっと来週もよくなるね」

という言葉で締めましょう。

前章で説明した甲状腺刺激ホルモン「チロトロピン」が分泌され、前向きにチャレンジする気持ちを後押ししてくれます。

その前に、セロトニン（別名、しあわせホルモンと呼ばれる脳内ホルモン）もたく

さん分泌され、自律神経のバランスを整えてくれることでしょう。

実際、親子できたことノートを実践した保護者のみなさんにアンケートを取ったところ、

「怒る回数が減りました」
「イライラが減り、精神が安定した」
「肩の力が抜けて自分を許してあげられた」
「失敗してもOKを出せるようになった」
「私、けっこう頑張っていると思えるようになった」
「完璧でないといけないという考え方から脱出できた」

という声が寄せられました。

親子できたことノートを実践することで、子どもの自己肯定感が高まると同時に、

親の自己肯定感も高まると言えます。

ぜひ、この1週間に一回のベストできたこと活動も親子の大切な時間として「ゆったり」とコミュニケーションしてみてください。

第5章

「なりたい自分」が見えてくる

親子できたことノートの一番上に「（　　）はこうなりたい」という欄があります。ありたい姿とは、「自分が望む理想の姿」です。子どもたちの65％は将来、今はない職業に就くと言われるAI時代は、自分軸が大切になります。周りから無理に「夢を持て」と言われるより「今の自分の好きを活かす」ほうが、これからの正解のない時代に合っているアプローチと言えます。

続けることで、自分の「好き」や「こうなりたい」が見つかる

1～3週間「できたこと」を見つけ続けると、「好きなこと」や「大切にしたい」と感じている分野がわかってきます。

できたことは価値観の集積。ベストできたことは選ばれた週間ベストワン！　ベストできたことをちょっとよくしていく活動は、自分の好き！　を磨いてることに他なりません。

お子さんがどんなことが好きか、どこに向かおうとしているのか。幸せを感じる部分、人生の一番根っこの大事なところが見えてきます。

見えてきたら、「こうなりたい」を書くようにしましょう。

最初に書こうとすると、親が誘導して目標を設定してしまうことになり、自発性が

育たなくなってしまいます。

また、親の一方的な思い込みもあります。ある親御さんの例ですが、運動が苦手な息子を「インドアな子」と決め付けていたのですが、できたことに、

「卓球をして楽しかった」

「50メートル走で前より速く走れた」

と運動のことを挙げていることに気づき、「あっ、この子は動いて汗をかいたりすることが好きなんだな」と認識を改めたそうです。

できたことが十分たまった状況であれば、自分の好き！　や自分の大切にしていることと十分に向き合っている心理状態になっています。そうすれば、自然に、

「自分はどうなりたいのか？」

という問いと向き合えることになります。

先ほどの、実は運動が好きだったお子さん。

「友達と一緒に運動をもっと楽しみたい」と書き込んだそうです。

「自分軸」を育てることで「21世紀型スキル」を身につける

ＡＩ登場に代表される技術革新やグローバル化によって、社会は大きく変化しました。

アメリカの研究者が「子どもたちの65％は今は存在していない職業に就くだろう」と予想したというニュースは衝撃的でした。また、国際教育プロジェクト「ＡＴＣ21ｓ」（Assessment and Teaching of 21st Century Skills）が「21世紀型スキル」を発表しました。これは、グローバル社会を生き抜くために必要な能力で、創造力、コミュニケーション力、情報リテラシー、異文化理解など、これからの社会で生きるための力が定義されています。明らかに子どもたちが身につけるべき能力が変わってきていることを示します。

私は**「21世紀型スキル」の中でも、「メタ認知力」と「意思決定力」が重要であり、今の教育に足りない部分**と考えています。

「メタ認知」とは、自分を俯瞰《ふかん》して事実を客観的にとらえて（モニタリング）、そして次の行動を変えていく（コントロール）という心理的プロセスのことを指します。

もうお気づきかもしれませんが、親子できたことノートはこの「メタ認知」する力を鍛えられるように設計されています。

「意思決定力」とは、自分で決めて前に進む力です。この力を育むには、自分は「どうなりたいのか」と常に考える習慣が有効です。

そのためには、**「何が好きなのか」「何を大切にしているのか」という自分の価値観にふれて、自分軸を育てることが最も役に立ちます。**

「できたこと」を自分で認識して、新たな行動を見いだしていくという活動は、まさにこの「自分軸」を育てていると言えるのです。

この自分自身を探究した経験によって、将来必ず訪れる「どのように生きるのか？」という問いに対して、迷わず「私はこうなりたい」とはっきり言えるような揺るぎのない自信を得られるようになります。

このように意思決定力があることは、生きる支えにもなり、とても幸せなことでもあるのです。

子どもたちの「こうなりたい」を見てみよう

では、事例から子どもたちの「こうなりたい」を見ていきましょう。

- 「たくさんむし見つけたい」

火曜日　あたらしいしんかいぎょをおぼえた。あぶらぼうず

水曜日 じゃんけんにかってカマキリをもらえた

解説 深海魚やカマキリをとる中で、きっと魚や虫など生き物にとっても興味をもちはじめたのでしょうね。

●「かっこいい小学生になる」

火曜日 夜にねむくなった

水曜日 プログラミングのプログラム4つも作れた

解説 小学生になって、しっかり夜も寝られるようにリズムがよくなってきたし、学校（習い事かな）ではプログラムを4つも書けたんだね。そして、「そうだ！ 自分はカッコよくなりたいんだ」と気づいた。すごい成長だね。どんどん、かっこいい、できたことが増えてきそうです。

●「人がよろこぶことをする」

火曜日 ともだちがこぼしたスープをふいてあげた。ありがとうといってくれて、うれしかった

水曜日 朝、体いくかんで、けがをした子を、保けんしつにつれていった

木曜日 夕方、家で、じいじがせきをしていたので、あめをあげた

金曜日 ほいくえんの、うんどう会で、かぞくみんなで、おとうとをおうえんした

ベストできたこと じいじがせきをしていたので、あめをあげた

来週からの工夫 人がけがした時に、たすけたい

解説 お友達やケガをした子、また、おじいちゃんや弟を助けたことで、心の中で、人を喜ばせることに対する興味・関心がどんどん湧いてきている様子が見てとれます。とうとう、なりたい姿に「人が喜ぶことをする」という言葉が出てきました。1つの自分軸ができた瞬間ですね。これは一生ものの、自分を支える力となることでしょう。

●「うんどうがもっとじょうずになりたい」（第1週）

- 「いろんなことにチャレンジしたい」（第2週）
- 「はろいんをたのしみたい」（第4週）

解説 このように「できたこと」を書いていると、いろいろながんばりたいことが浮かんできます。このように毎週変わっても、もちろんOKです。

子どもの中から湧き上がる「こうなりたい！」という気持ちに寄り添って、親が関心を示してあげるとよいでしょう。

- 「ならいごとをがんばっていく！」
- 「字をきれいにかけるようにがんばる」
- 「うんどう会でゆうしょうできるようになる」

解説 学年が上がってくると、学校のことや勉強のことが、なりたい姿になる様子が見られるようになってきます。無理に親から誘導してもっていかなくても、できたことを承認されていくうちに、子どものほうから自然に生まれてくるようになります。

どうでしょうか。「私はこうなりたい」に書くイメージをご理解いただけたでしょうか。

こうやって事例を見てみると、ありたい姿というと重いテーマに見えますが、意外と気軽にできることがわかります。

親から、

「どうなりたいの？」

と聞いてみてください。きっと元気に「こうなりたいんだ！」って声が聞こえてきます。

これまでよりも積極的な態度を見せる子どもの姿に感動することもあることでしょう。

繰り返しますが、なりたい姿は、無理に書かせるものではありません。子どもから生まれるものを大事にして、ぜひ、焦らずゆっくりいってください。

なりたい自分（自分の目標）は日々の小さな「できたこと」の中にある

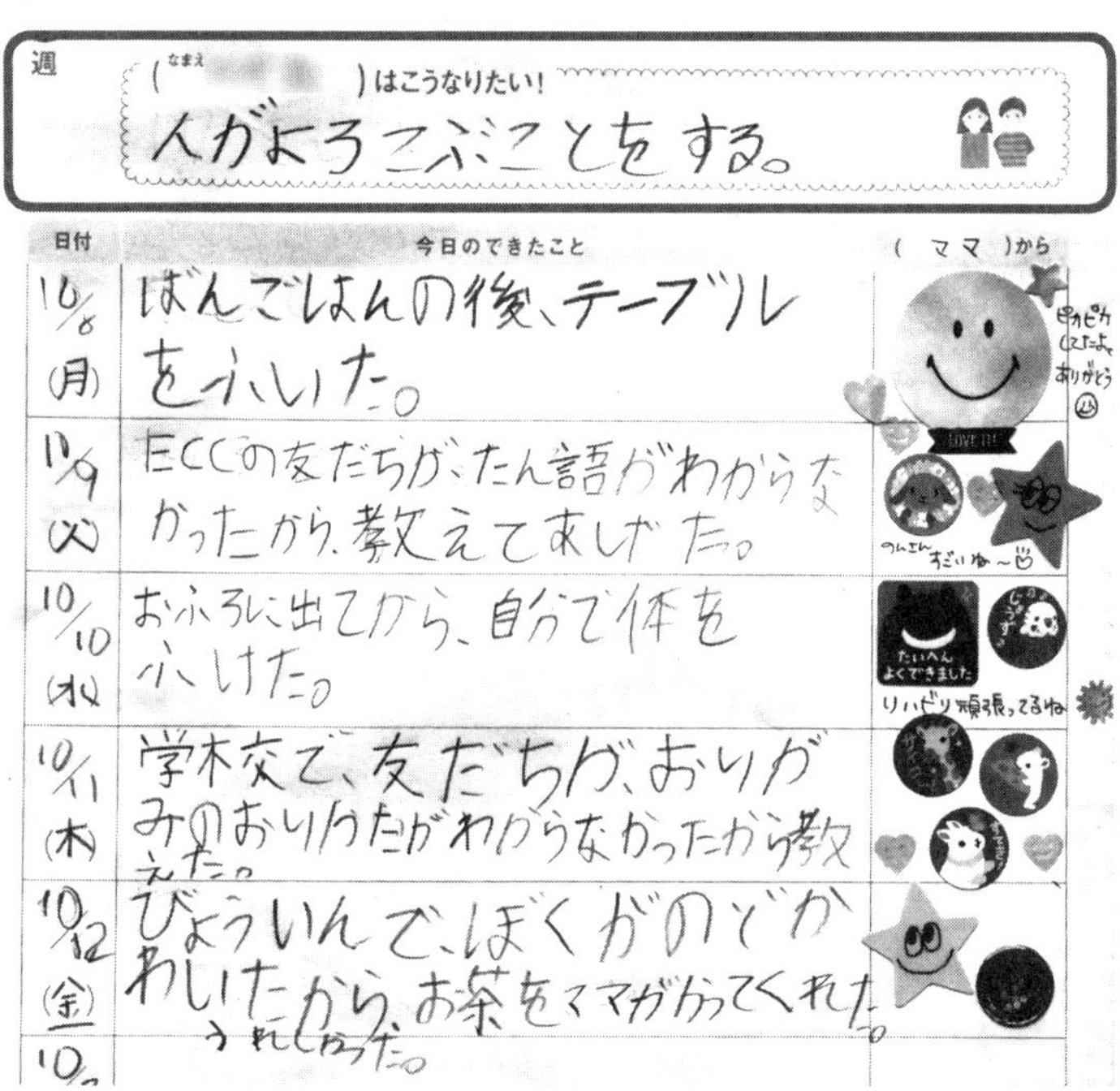
週
（　　）はこうなりたい！
人がよろこぶことをする。

日付	今日のできたこと	（ママ）から
10/8（月）	ばんごはんの後、テーブルをふいた。	ピカピカにしてたよ。ありがとう
10/9（火）	ECCの友だちが、たん語がわからなかったから、教えてあげた。	すごいね〜
10/10（水）	おふろに出てから、自分で体をふけた。	たいへんよくできました　リハビリ頑張ってるね
10/11（木）	学校で、友だちが、おりがみのおり方がわからなかったから教えた。	
10/12（金）	びょういんで、ぼくがのどがかわしたから、お茶をママが作ってくれた。うれしかった。	
10/		

子どもの「こうなりたい」は最初に“目標設定”してしまいがち。
しかし、実は1週間の「できたこと」の中に隠れている。

数か月、書けなくてもOKです。問題ありません。子どもの成長は人によってまったくスピードが違います。誰かと比べるものでもありませんし、早ければいいというものでもありません。

子どもの中に芽生えてくる、自分軸の小さな芽を、じっくり育ててください。

親のできたことを参考にしよう！

さて、親子できたことノートは親子で行うものです。

もちろん、親も「こうなりたい！」を書いていきます。

親のほうは最初から1つの「なりたい姿」を書いてもいいでしょう。

モニターさんに実践してもらったときの事例をご紹介しましょう。

みなさん、大きなテーマとしてはほぼ同じでした。

それは、

「子どもへの愛情」です。

具体的に事例を見てみましょう。

- 「子どもたちの良いところを見つける」
- 「兄弟ゲンカをおおらかに見守りたい」
- 「笑顔でいたい」
- 「イライラを少しでも減らして穏やかに過ごす」
- 「○○のはなしをたくさんききたい」
- 「仕事をきゅっとおわらせて、○○とたくさんあそぶ」
- 「いつも笑顔でやさしいいママでいたい」
- 「何事にも集中して取り組み、効率のよい毎日を過ごす」
- 「○○のがんばりを応援したい」
- 「いつもニコニコご機嫌でいたい」

●「早起きして、準備をあわてないようにする（余裕を持って送り出す）」
●「仕事と家のことを効率的にできるようにする。そのための疲れない体づくり」

みなさんの親としての子どもを想う愛情を感じて感動します。

あるお母さんが、子どもにこう言われたそうです。

「できたことタイム大好き！　だって、お母さんがニコニコしてるから」

子どもは見ているのですね。お母さんに自分のできたことを聞いてもらっているときや、お母さんのできたことにシールをあげたときの、お母さんのうれしそうな顔を。

そして、きっとお母さんの毎日の奮闘ぶりも見ているのですね。

だから、子どもも親に対して、優しい気持ちになります。親子できたことノートをやるとお手伝いが増えるのは、そうした子どもの「ありがとう」という感謝の気持ちや「お母さんを助けたい」という支援の気持ちが育まれているからなのでしょう。

あるセミナーで、お母さんが言っていました。

「今日は子どものことがいろいろ聞けて楽しかったです。『せんたく物をたたんだ』とありましたが、そういえば2週間前に頼んだことでした。意外と彼女も聞いてるんだなと思いました」

いつもは思わずガミガミ言ったことだって、子どもはちゃんと親が言ったことを聞いているものです。

反抗的なのは、ただ言い方に反発してしまっているだけ。親のほうも子どもは聞いていないように感じるため、「ほら、また言わせるの？」と反応してしまっているだけなのです。

親の「なりたい姿」をノートに書くことは、ストレートに子どもへの「想い」を伝える道具になります。

親として人として、どうありたいかが言葉として記されているからです。

「こらーっ！　早くご飯食べなさい！」

「宿題やっちゃいなさい。いつも遅いわね！」
「また散らかして。片づけてよ！」
このような毎日だとしても、それはそれで子育てをがんばっている一人の人間の姿としてしっかり伝わっていています。

親子できたことノートは、親と子の関係を縦の関係から横の関係にします。親も子どもを一人の人間として見て、子どもも親を一人の人間として見るようになっていくからです。相互に成長し合える関係として大人の関係に脱皮できるのです。

いずれ子どもは親の手を離れて独り立ちしていきます。壁にぶつかり、しんどい思いをすることもあるでしょう。でも、親子で育んだ「親子できたことノート」というかけがえのない宝物が、壁にぶつかったときでも支えとなり、人生を切り拓く原動力となることでしょう。

☆おわりに☆

「親子できたことノート」はこうして生まれた

「親子できたことノート」は楽しんで読めましたか？

理解してもらえるように小難しい理論などの話はなるべく避けて、具体的な事例も入れながら、できるだけわかりやすく書くように努めました。

２０１６年に出版した「できたことノート」（『1日5分「よい習慣」を無理なく身につけるできたことノート』クロスメディア・パブリッシング）は、この本を書いている２０２１年にも重版がかかるなど、たくさんの人に読まれています。また、日本国内のみならず海外でも翻訳されて出版されています。

では、なぜ「できたこと」に着目した本を出すことになったのか、その背景をまず説明することにしましょう。

私は〝人の行動を変える専門家〟です。

主に、企業での人材育成に関わっています。とくに、新人や入社2、3年目といった若手の研修を多く担当しています。日本を代表するような大きな会社の人材育成を担うことが多くなりました。

私の研修の特徴は学んで終わりではなく、実際の仕事の現場で「行動が変わる」ように支援することです。行動が変わることを〝行動変容〟と言いますが、いわば「行動変容型研修プログラム」とも言えます。

研修が〝やりっぱなし〟になったら意味がないですからね。おかげで学んだことを活かして実際に行動する人とそうでない人の違いがよくわかるようになりました。

企業研修というのは、毎年、人事・人材育成部門の担当者とよく話し合って、その年に行われる研修プログラムの内容を決めていきます。

ここで最近、気になることが起きています。それは「どの企業からも似たようなニーズをお聞きする」ことです。企業の人事担当者が話を合わせているわけでもないのに、同じようなことを人材育成のテーマとして要望されるのです。それは、

「自分の意見を持って主体性を発揮できる若手を養成してほしい」

というニーズです。

私のクライアントは人気企業が多く、そこに入社する社員は優秀な方ばかりです。学校でもがんばっていたでしょうし、だからこそ進学校に進み、人気企業に入社できたのです。

でも、その新人たちに「自分の意見や主体性が足りない」というのです。ちょっと信じられないかもしれませんが、これが事実です。学校教育で何か大切なことが抜け落ちていることは間違いなさそうです。

私は企業の若手の人材育成に関わる中で、大きな問題を2つ発見しました。

- **自分はこうありたい、という自分の軸がない**
- **本音はこうである、という自己開示をしない**

この2つが成長を阻んでいるのです。

まず、自分軸がない問題の説明をしましょう。

自分自身が「私はこうありたい」と思う姿のことを「ありたい姿」と言います。自分の価値観、「自分が大切にしていること」が言語化できていれば、自分軸が育っている証拠です。そういう人は、自分の強みを活かし、

「仕事を楽しむ人」

になります。

一見ツマラなさそうな仕事でも自ら創意工夫をしたり、この仕事は何のためにあるのかと、目的から考えてどんどん仕事のやり方を改良していきます。誰に言われなくても、「よりよくしよう」と前向きに行動変容していくのです。

自分軸がない人は、仕事に気持ちが入らないので、

「仕事をこなす人」

に陥ります。

タスクを作業と考え、受け身の態度となり、次第にやらされ感が出てやる気が減退していきます。

受け身の態度は周りからも評価されず、次第に期待もされなくなっていきます。

そのような人は、

「やりたいことが見つかりません。どうしたらいいですか？」

とよく言います。問題は自分の内側にあるのに、答えをいつも外に探そうとします。自分軸ができていないと、楽しく仕事をする人生を送ることはできそうもありません。

次に、自己開示をしない問題の説明をしましょう。

私が提供する「行動変容型研修プログラム」では、ＩＴシステムを使って、定期的に行動計画の実践状況のセルフチェックとその行動について自己考察した文章（内省文と言います）を受講生同士でリアルタイムに共有して、相互フィードバックする仕組みを採用しています。こうやって各自の目標達成に向かって行動変容を支援していくのです。

ちなみに、このＩＴシステム「行動改善システム」が日本とアメリカで特許を取得することができたので、私は発明家（Ｉｎｖｅｎｔｏｒ）とも名乗っています。

このＩＴシステムの運用から得られた1万人以上の行動と思考のデータ分析でわ

かった大発見があります。

それは、**目標を達成する人とそうでない人の違いを調べると、内省文に「本音を書いている人」かどうかによって大きく差が出ている**ことです。

内省文とは、自分の行動を詳細にとらえて、「何がよかったか、何が改善点か」と自己考察するのですが、目標達成に向かってよりよい行動ができた人ほど、その文章の中に、「自分はこうしたい、うれしい、くやしい」といった本音の感情が書いてあるのです。

内省文は、「うちをかえりみる」と言って、自分を省みることですが、そこに本音を書いて自分の心を開く、すなわち自己開示するのですから、改善された行動を確実に実践するでしょうし、それをＩＴシステムで見た同期たちは、気持ちの入ったフィードバックをすることになります。孤立しないで、多様な意見も入ってくるので、さらに目標達成に結びついていくことになるのです。

ここで短絡的に「本音を書きましょう！」と声高に叫んだとしても、書ける人は書けるし、書けない人には書けません。

本音にふれるから、やる気になり、行動に結びつく、という研究があるくらい大切なことなのですが、そう簡単ではないのです。

さて、私はこの2つ、

- 自分の軸がない
- 自己開示できない

これを解決する糸口はないだろうかと立ち向かいました。

1万を超える行動や思考のデータと格闘し、論文を読みまくり、いろいろな知見のある方に相談し、真剣に考えて考え抜いた結果、たどり着いた言葉。

それが、

- **自己肯定感**

でした。

「自分の欠点も含めて自分のことを大切な存在だと思う心」

これが自己肯定感です。

ほめられて一時だけ浮き足立つ浅いものとは異なり、じっくり自分の心の奥に根を張った深くて強いものですね。

自分を肯定できれば「私なんて、どうせ」という気持ちにならず、「やればできる」という気持ちになれるでしょう。新しい行動が自然に起きてくるはずです。

この**自己肯定感、日本の若者が他国に比べて著しく低い**という国際調査の発表は衝撃的でした。なんとかしなくてはと奮い立ったのを覚えています。

そこで、自己肯定感が落ちる原因を科学していくと、自分のダメな部分に着目しがちな人間の特性を発見しました。

また、自己肯定感には他者からの承認がとても重要なこともわかりました。そのあたりは本文にしっかり書いたのでご理解いただけたかと思います。

この時点ではまだ「できたことノート」のメソッドは生まれていません。

実は、このメソッドが生まれたのは、行動は適度な不安から起きるという行動科学や認知心理学の研究の発見をしたときです。不安を払拭したいからこそ行動が起きるという理論を発見したときは、体に稲妻が走りました。新メソッドが生まれた瞬間です。

行動変容には、実は目的思考が欠かせません。できたことに工夫を加え、新しい行動を見いだすときの思考ですが、できたことを「十分ではないぞ」といったん疑うことになります。

批判的思考法（クリティカルシンキング）と言います。しかし、いったん疑うのでマインドが下がってしまうことが問題だったのですが、強い不安だからいけない、適度な不安にすればいい、ということは大発見でした。

そうか、「できたこと」から思考すれば、目的思考をした場合の不安も、適度な不安になるので新しい行動を起こさせることができる！　と考えました。

39ページの図で説明したようにできたことから入ると、「よし！　できた。いいぞ」と自己肯定したあとなので、その後、「このやり方はベストではないかも」「もっと別ないい方法があるかもしれない」とできたことを疑う思考になっても、「適度な不安」になるので、「よし！　次はこれをやってみよう」と行動を起こします。不安を脱出するためにこそ行動しようという「前向き思考」が働きます。

一方でできなかったほうから入ると、「やばい、また失敗しちゃったな」と自己否定から入るので、その後、「また失敗するかもしれない」と強い不安が生まれ、「どうせ無理だ」「やめておこう」と考えてしまい、行動が起きなくなります。

要は、同じ「不安」を「適度な不安」にするか、「強い不安」にするかが行動を起こすか起こさないかの分岐点なのです。

そこで！「できたこと」に着眼したのです。

あとは、できたことをいかにうまく探し出してもらえるか。そこにも壁がありました。人には、ビリーフという、自分自身を見ている目があります。それは、思い込みや信じている考え方のことです。「私にはできる」といったプラスのビリーフならいいのですが、「私には無理だ」といったマイナスのビリーフは問題です。

そこで、考え方を大転換しました。それが、

「すでに〝できている〟」

という考えです。

どんな小さなことでも、すでにできているのですから否定しようがありません。

そこで、「これをできたことにしていいの？」と思えるくらい小さいことであっても、
できたことに組み込めるように考えました。そのために、
「やったこと」と「できたこと」を分けて考えること
にしたのです。

たとえば、

●ハンバーグ作った
だと単なる、やったことだけど、
●ハンバーグ作ったら、めちゃ美味しくできた！
だったら、できたことです。

このことを簡単にお伝えできるように、「できたことを見つけるためのめがね」を
開発しました。
それが登場した3つのめがねです。

私は行動科学の専門家として、もともと行動の種類を10種類程度に分類していましたが、この「できたことノート」のメソッドを開発するにあたり、

- ●感情（主観性）　Happy
- ●数（客観性）　Number
- ●相手（関係性）　Person

の3つに分類し直しました。

そして自分を見る目を変えるという意味で〝めがね〟と表現して、誰にでも簡単にできたことを見つけられるメソッドが完成したのです。

その内容は本文にしっかり書いたので、ご理解いただけたと思います。

そして、最も大切なこととしては、このできたことを見つけていく活動が、自分の「ありたい姿」の発見に結びついていくことです。

ある中学校で講演をしたとき、ある生徒が、

●バスケットの練習で、ドリブルが10回決まった！
とできたことを書いていました。

私がその理由を聞いていくと、

「もっとうまくなってレギュラーになりたい」

という想いや、

「クラスメートに〝カッコいい！〟と言われたい」

という気持ちを素直に話してくれました。

このような小さい「どうなりたいか」が大切なのです。それが理想の自分の姿「ありたい姿」につながっていくのです。


そして、「ありたい姿」が見えてくると目的思考が始まります。

「できたこと」を見て、

「そもそもこれって、何のためにやっているんだろう？」

という問いが自発的に起き始めるのです。

レギュラーになりたい！　という「ありたい姿」によって、
「レギュラーになるには、シュート練習も大事だな」
と考え、自分で練習内容を工夫するという主体的な行動変容が始まるのです。
「カッコいい！」って思われたいという「ありたい姿」は、バスケットボールでなく、まったく別なことをがんばる動機にもなります。

実際、この生徒に私が「どんな人がカッコいいの？」と聞くと、「おしゃれな服を着ています」と答えてくれました。しばらくすると、うれしそうに「オレ、週末、服買いに行きます」と話してくれました。

「バスケットのドリブル決まった！」が、まさか新しい洋服を買いに出かける行動に結びつくなど考えもしないですよね。でも、それが「ありたい姿」の威力なのです。

こうやって前述した21世紀型スキルの意思決定力が育成されていくのです。

最後に。

「できたことノート」は全国の中学校、高校でのホームルームで活用され始めています。

また、国立大学では、「経験学習実践論」という講座が単位認定科目として実施されています。できたことノートのメソッドを実際に経験しながら、その理論である、行動科学、認知科学、情動科学の理論が学べる講座です。多くの教職を目指す学生が受講しています。

私はこの講座で学んだ学生が、教員として全国の小中高校で実践してくれることを期待しています。

家庭と学校が「できたことノート」でつながったらどんなに素晴らしいだろうと夢を持って学校支援活動を続けています。

そして、企業での人材育成においても、引き続きこのメソッドを導入していきます。社員同士ができたことを認め合って成長しようとする組織を支援していきます。

こうやって日本中に「できたこと」が広がって、お互いのいい面を見るやさしい社会ができて、かつ、みんなが自分らしさを発揮して「ありたい姿」に向かって挑戦していく力強い社会、そして人々がお互いの挑戦を応援する文化を作れたら、どんなに素敵なことかと想像してワクワクが止まりません。

「子どもたちの未来が明るく照らされますように」

と心から願って筆を置きます。


永谷研一＠４人の子育てに奮闘するパパより

読者特典

「親子できたことノート」書き込み用シートがもらえる!!

- PDFファイルダウンロード
- コンビニでの印刷用コード
- 書き方限定動画

https://dekitakoto.jp/oyako-sheet/

著者紹介

永谷研一　発明家 / 行動科学専門家 / できたこと塾 塾長 / 株式会社ネットマン代表取締役社長
1966年静岡県生まれ。学校や企業にITを活用した教育サービスを手がけるパイオニア。行動変容を促進するITシステムを考案・開発し、日米で特許を取得。米国でその功績が高く評価を受け、0−1ビザ（卓越能力保持者ビザ）が認められる。行動科学や認知心理学をベースに、これまで１万人以上の行動実践データを検証・分析し、目標達成のための行動習慣化メソッドを確立。自己肯定感を上げることで成果につなげる「できたことノート」の手法は、多くの企業や学校に取り入れられている。著書に、ロングセラー『１日５分「よい習慣」を無理なく身につける できたことノート』などがある。４人の子の父。

できたことノート 公式サイト
https://www.dekitakoto.jp/

いいところが見《み》つかる！　やる気《き》になる！
親子《おやこ》できたことノート

2021年12月30日　第１刷

著　者　永《なが》谷《や》研《けん》一《いち》

発行者　小澤源太郎

責任編集　株式会社 プライム涌光
電話　編集部　03(3203)2850

発行所　株式会社 青春出版社
東京都新宿区若松町12番１号 〒162-0056
振替番号　00190-7-98602
電話　営業部　03(3207)1916

印刷　三松堂　　製本　大口製本

万一、落丁、乱丁がありました節は、お取りかえします。
ISBN978-4-413-23233-3 C0037